Petite philosophie du zombie

Maxime Coulombe

マキシム・クロンブ

武田宙也、福田安佐子＝訳

ゾンビの小哲学

ホラーを通していかに思考するか

人文書院

ゾンビの小哲学　目次

ゾンビの小哲学——ホラーを通していかに思考するか

謝辞

このプロジェクトを信じてくれたあらゆる人々に、とりわけ、変わらぬ支援をくれたミケラ・マルツァーノに是非とも感謝したい。また、リサーチを行ってくれたマリー＝エレーヌ・ジョンカスに、草稿を読んで示唆、文献情報、助言を与えてくれたマチュー・レネに、そして最後に、なによりもカミーユ・ラヴォワに感謝する。

「死（限りある生）を御する者は、死ぬことの限りなさを解き放つ。」

モーリス・ブランショ『災厄のエクリチュール』

「世界は悪臭を放っている。屍骸と魚の混ざり合った臭いだ。しくじりの感覚、おぞましい腐敗。世界は悪臭を放っている。腫れあがった月の下に亡霊はいない。いるのはぶよぶよで、おなかの膨れあがった、黒ずんだ屍骸だけであり、そいつは腐臭ただよう吐瀉物に塗れて、いまにも破裂せんばかりだ。」

ミシェル・ウエルベック『H・P・ラヴクラフト――世界と人生に抗って』

***

その映画は郊外から、アメリカのどこかに無数に存在するような郊外からはじまる。カメラは、歩道のない幅広の、ほとんど同じような家々が立ち並ぶ通りをゆっくり進む。どの家も、一本の木も生えていない、均質で特徴のない緑の芝に覆われた土地のまんなかに建っている。奇妙な感覚。まるで悪夢か、もしくはベケット作品のなかにいるような感覚である。その郊外は、どこにいるのかわからなくなるほど広大かつ無個性なものであるように、あらゆる逃走がむなしくなるほど息苦しいものであるように見える……。

われわれはゆっくりと、これらの家のうちの一つの客間に入ってゆく。二組のカップルと二人の子どもがテーブルでディナーをとっている。食器とグラスの音、そしてときおり笑い声が聞こえる。突然、男のうちの一人――ジャックとしよう――がテーブルを乗り越えてもう一人の男――おそらくビル――に飛びかかり、彼を押し倒す。思いもよらなかったほどの攻撃性で、ジャックはビルにかみついているようだ。その光景には、攻撃的であると同時にグロテスクなところがある。行為にすっかり没頭しているジャックは、みずからの行動が同席者たちに引き起こした悲鳴やおそろしげな表情をまったく意に介していない。その両目は生気を失ったかのようである。ビルのほうは、いまや意識不明か、あるいはさらに悪い状態にあるように見える。

ジャックは血まみれであり、ビルの首もとに食らいつき、肉を引きちぎろうとしているのがわかる。

いささかのぞき魔かグルメを思わせるカメラは、しぶしぶといった様子で殺戮現場から遠ざかる。

しばらくたって、二人の女性のうちの一人——ケイト——が、勇気をふるいおこして、両手で重いフライパンを持ち、夫であるジャックのほうに進み出る。渾身の力をふりしぼり、彼女はジャックの頭をなぐる。二度、三度と。四度目にいたって、ボキッという、湿ったような鈍い音が聞こえる。ジャックの頭蓋骨が砕けたのだ。その瞬間、ジャックはビルの上に倒れ込む。

沈黙。ケイトの荒い息とときおりのよそよそしい嗚咽。続いて、不意のような恐怖の悲鳴。そうして再度の沈黙。

要するに、皆の予想通り、ビルが息を吹き返してケイトに襲いかかり、彼女はいっそう激しく叫びはじめるのである。

***

これがゾンビ映画の古典的な、典型的なシーンである。観客は、愉快かつおびえた気持ちで映画館から出てくるだろう。よい時間を過ごしたのである。彼らは、ジャック、ビル、ケイト、そして残りの家族が皆殺しにされるのを見て気晴らしをした。帰り道にはもう、自分が目撃した惨劇のことなど忘れ、ビールでも買ってゆくだろう。夜はまだはじまったばかりなのだ。

すべてはお決まりであるかに思われる。

われわれが賭けたのは——それが本書の賭け金なのだが——、このようなシーンにおいて、また、より広くはゾンビ映画において、なにか別のことが賭けられていると信じることである。

* * *

別の状況。世界のある大都市（パリかニューヨーク、ロンドンか東京）、週末、陽のふりそそぐ午後。主要幹線道路のまんなかで、数百、いや数千のゾンビがゆっくりと、急ぐこともなく歩いている。野次馬たちはその群れを眺めておもしろがり、写真をとる者もあらわれる。ゾンビたちは一瞬停止したままになるのだ。子どもたちは戸惑い、両親に不安な眼差しを向ける。「ただのメイクだよ。ゾンビのふりをしているんだ」、父親は答えるだろう。あるゾンビは、子どもたちを安心させようとして、わざわざ彼らにウインクするだろう。予想されるように、結果は微妙なものであるが。

* * *

「ゾンビたちの歩行」（ゾンビ・ウォーク）は、いまやますますポピュラーなものになってきている。おおよそ二〇代から三〇代の、あらゆる階層の人々が、コスプレやメイクをして、自分たちの街の道々を一斉に足を引きずり歩く。なかには、そうしたゾンビ歩行を、もっと子どもの時分から、つまりマイケル・ジャクソンの『スリラー』の頃からひそかに行っている、と告白する者もいる。それから何年もたって、身振りはほとんど忘れてしまったものの、今度は大集団となって道のまんなかにあらわれ、それを反復している、というわけである。

＊＊＊

ゾンビはいたるところにいる。その並外れた感染力は、彼らがホラー映画だけでなく、より広く映画そのものや、また次第に文化をも侵食しうるところまで伸張してきているように見える。『ショーン・オブ・ザ・デッド』（エドガー・ライト、二〇〇四年）のようなセンチメンタル・コメディは、ゾンビの襲撃を基本的なプロットとしている。『ザ・ロード』（コーマック・マッカーシー、二〇〇六年）のような小説は、カニバリズム、ポストアポカリプスの世界、自然状態への回帰によって、多かれ少なかれ直接的な仕方でこのジャンルを想起させる。ビデオゲームは数え切れないが（バイオハザードシリーズや「Left 4 Dead」シリーズを思い浮かべてみよう）、そこではプレイヤーにとってアクションの大部分は、生ける屍の襲撃を生き延びるために、愉快な軍事装備品を使ってその脳を爆破するためになされる。ときにかなり複雑な心理描写を伴うテレビドラマシリーズやコミックが、いまやゾンビの襲撃を背景として撮影あるいは構想されている（『ウォーキング・デッド』、フランク・ダラボン、二〇一〇年）。

また、古典的文学作品のプロットを改変して、ゾンビの襲撃を付け加えた小説の登場さえ見られた。あたかも小説家たちは、つぎのように問うているかのようである。すなわち、プルーストのプチット・マドレーヌが、コンブレーの甘くメランコリックな過去ではなく、はるかに厄介で悲痛な思い出、つまりゾンビの襲撃という思い出へと開くとしたら、なにが起こっただろうか、と。たとえば、これは不自然な例ではあるものの、ジェーン・オースティンの小説から大いにインスピレーションを得たセス・グレアム＝スミスの『高慢と偏見とゾンビ』は、その凡庸さにもかかわらず世界的な成功を収めたのだった。

現在のゾンビの人気――それが天恵《マナ》であれ流行《モード》であれ――はすでに、否が応でも注目せざるをえないものとなっている。

＊＊＊

イメージはときとして、時代の現像液として機能することがある。イメージに照らし合わせて読むことによって、イメージからなる酸性の溶液に浸すことによって、時代はコントラストや明瞭さを増すことになるのだ。本書の意図は単純なものである。それはゾンビをウェルギリウスにすること、つまりわれわれ西洋社会を眺めるためのガイドにすることである。なるほど風変わりなガイドである。このウェルギリウスは、ダンテのそれと異なり、われわれに、現代の地獄やわれわれの最も陰鬱な欠点を見せることしかしない、と人は言うだろう。ゾンビは、われわれ西洋社会の期待や夢といったものよりもずっと、不安や恐怖のほうを指さすように思われる。また、われわれはこれ以上グロテスクなガイドを、かつて見たことがあるだろうか。

このようなガイドを人はおもしろがるだろうし、嘲笑すらするだろう。しかしながら、しばしばそうであるように、この嘲笑の下には深遠な真理が潜んでいる。ゾンビはわれわれに似ている、という真理である。ゾンビは人間のカリカチュアなのだ。シャルル・ダンツィグは、イメージに関してこのことを指摘していた。

イメージとはなにか。それは一つの等価物である。この等価物をオリジナルに近づけることによって、われわれは両者の形が多かれ少なかれ一致していることに気づく。イメージとはつまりそういうものだったのだ(1)。

ガイドとして働くにあたって、ゾンビが腐った指をまず向けるのは、おそらく自分自身である。ゾンビの歩き方、身体、肉、暴力、またゾンビが生み出しうる廃墟でさえも、われわれにわれわれのことを親密に語りかけてくるし、この間の抜けた、茫然自失状態のクリーチャーは、おそろしげな他性、怪物というよりも、人間自体へと送り返されるものである。ゾンビとは、エキゾチックなものではまったくなく、なんらかの惨劇によって、もっと言えば近代世界のリズムによって打ちのめされ、トラウマを与えられた主体を模倣《パスティーシュ》するものなのだ。人殺しの欲求につき動かされるときでさえ、ゾンビは非人間的というよりも「あまりに人間的」な見かけをとるのであって、そうして人間の内奥に潜むもの、文明や文化といったワニスの下に脈打つものを暴露するように思われる。ゾンビがわれわれの気にかかるのは、まさにこうした理由による。それは人間の条件の限界を、つまり意識や死や文明といったものの限界をあらわしているのだ。ゾンビは、これらの限界にまつわる最も現代的な懸念のいくつかを生き生きとしたものにする。それは、意識、われわれの内的な生、われわれの主体性といったものは、今日なお役割や意味を持つのだろうか、という懸念であったり、われわれは自然状態への回帰の途上にあるのだろうか、という懸念である。

人は、こうした難しい問題からは距離を置いて、ゾンビを現実的《リアリスティック》なものにしようとする少々グロテスクなメイクのことを相変わらずおもしろがるだろう。その腐敗した手足を、足取りのぎこちなさを、死骸なりの生への執着を、困惑とともに嘲笑するだろう。そこでもまた、嘲笑が明らかにするのは、ある深遠な真理である。すなわち、ゾンビとは、この世によみがえることによって、現代における大いなるタブーのうちの一つ——おそらくその最大のもの——へと目を向けるようわれわれを強いるものだ、という真理である。そのタブーとは死である。現代は、宿命にもはや意味を与えることができず、それを生の一部や条件とするよりもむしろ、否認したり抑

（1）Charles Dantzig, *Dictionnaire égoïste de la literature française*, Paris, Grasset-Livre de Poche, 2009, p. 462.

圧しようとするのだが、ゾンビは、奇妙なアイロニーとして、ばかげた報復として、空虚で度外れの死の回帰を体現するのである。ゾンビはわれわれに、われわれが見ようとしないものと向き合わせ、禁忌の乗り越えを表象することによってわれわれを楽しませる。われわれの文化は、制御されたなめらかな身体、若くて美しい身体という幻想をいだき、それに取り憑かれているが、ゾンビが保証するのは、おそろしく蠢《うごめ》く肉である。

すぐに気づくように、ゾンビは単純かつ統一的な形象でも一義的かつ一枚岩の形象でもない。ゾンビのなかでは、ときに相反するようなさまざまな想像物が脈打っていて、それがこの形象を活気づけているのである。死骸とわれわれ自身の反射像、血に飢えた怪物とトラウマを負った者、犠牲者と罪人。ゾンビはこれらの形象をつぎつぎに、またときには同時に体現しさえする。それゆえ、その意味を汲み尽くすことは不可能となる。

理由は単純である。ゾンビというモチーフは、ある堆積の産物なのだ。ゾンビのモチーフとは、このモチーフが意味を持ち、それからそれを流用するようなさまざまな文脈や文化に応じて変化してきた歴史の産物なのである。一九七〇年代の映画から二〇〇〇年代のポストアポカリプス的なビデオゲームへといたる生存能力、いや復活能力や、あるいはハイチの神話から北米の大衆文化《マス・カルチャー》へといたる、ある時代のさまざまな問題や強迫観念にぴったりと合致する突然変異能力は、ゾンビの並外れた柔軟性と、これら大いに異なる諸文化におけるゾンビの役割を証明している。

この嘲笑の中心、このモチーフの濃密さと曖昧さの中心には、ある一貫性が存在する。ゾンビはさまざまな懸念の形象だということである。それは、われわれがおそれるものを、口を閉ざしたがるものを表象している。ゾンビが現代の意識を苛むものの徴候になるのは、まさにこの点においてである。映画やビデオゲームといったイメージは、たんなるフィクションや気晴らしであるだけでなく、ある時代のしるしでもあり、その意味において一つの分析手段となる。ジョルジュ・ディディ゠ユベルマンがすでに指摘していたように、ある種のイメージは、「存在と歴史という最も相反するものに、可塑性、強度、あるいは強度の削減をもたらす力――おそらくは機能――を備えている」(2)。ゾンビを現代の典型的に商業的な産物として分析するだけでなく(3)、それを心的な産物として理解することも重要であるのは、このためである。そこには、現在の驚異的なゾンビ人気のおもな理由のうちのいくつかが見出される。

***

(2) Georges Didi-Huberman, *L'Image survivante. Histoire de l'art et temps des fantômes selon Aby Warburg*, Paris, Minuit, 2002, p. 183.
(3) アドルノの言うところの文化産業を考慮したゾンビ研究の必要性があるだろう。以下を参照。*The Culture Industry : Selected Essays on Mass Culture*, Londres, Routledge, 2001.

* * *

ある動物をよく理解するためには、つねにそれを生息地、つまり環境のなかで把握する必要がある。その生を理解することができるのは、獣とテリトリーとの関係を把握することによってのみであるのだ。ゾンビの生――そして、このモチーフの最終的な意味――について言えば、それはゾンビが生み出しうるアポカリプスのなかに書き込まれることによってのみ意義深いものとなる。結局のところ、ゾンビ映画が語るのはつねに、世界の終末という彼らの生息地の創造なのである。

ゾンビはいまや、映画の申し子となっている。ゆえにゾンビは、たいていは同じようなプロットやストーリーを持つのがつねである。要するに、通りすがりに人類や文明をことごとく覆してゆく、生ける屍の群れの鎮圧不可能な襲来といったお話である。ゾンビ映画がポストアポカリプス映画であるのは、それが微に入り細にわたって描くのが、主人公たちが人類の絶滅を回避することの挫折だという意味においてである。このアポカリプスもまた、ゾンビと同じく一つの徴候、メディアによって反芻される、ある種の現代的な悲観主義《ペシミズム》の徴候である。

そもそも、現代に対してわれわれがいだくイメージは、現代に対するわれわれ自身の判断からなるものではない。なぜなら、現実はいまやあまりに複雑であるため、ただ一つの精神ではその全体を把握することはできないからである。われわれが現実を把握しうるのは、時代がそれ自身に対してくだす一連の結論を綜合することによってのみである。周知のように、これらの判断は主としてメディアに、もっと言えば幾人かの知識人に由来するものであり、それらはいまや、アニー・ル・ブランの見事な表現を用いるならば「絶望の磁気」[4]をはらむようになった。この混合は危険である。われわれの想像は陰鬱なものとなっているのだ。すなわち、われわれの惑星はひょっとするとあらゆる救いを通り越して滅亡の際《きわ》にあり、かみ合わない経済は危機に瀕してぐらつき、道徳的価値は廃れつつある、といった具合である。こうして、パスカル・ブリュックネールにとって映画とは、メディアがわれわれをおどすところの危機を、現実の危険なしにわれわれに与えるようなものとなる。

映画はわれわれに、危機それ自体を伴うことなく危機におののくことを可能にする。われわれは肘掛椅子のなかで丸くなって、実際そこに身を浸したなら生じるであろう影響をこうむることなく恐怖を味わう[……]。[5]われわれは、チケットを購入する以外の危険を冒すことなく最悪の事柄と隣り合うのである。

（4）Annie Le Brun, *Les Châteaux de la subversion*, Paris, Gallimard, 2010, p. 41.
（5）Pascal Bruckner, *Le Fanatisme de l'Apocalypse*, Paris, Grasset, 2011, p. 62.

さらに踏み込む必要がある。アポカリプス映画、そしてとりわけゾンビ映画はわれわれに、メディアが日々われわれをおどすところのものを目撃するよろこびを与えるのである。言い換えれば、ゾンビ映画とは、ある願望を反芻するものである。この願望については後ほど探究する必要があるだろうが、要するに、われわれの一部は人類の終焉を目撃することを夢見ている、ということである。それは、銃でおどされている者が彼をねらう相手に対して、最終的に「じゃあ撃てよ、さあ！」と言い放つことと少し似ている。アポカリプスの表象は、脅威を見させることによってそれを取り除き、空《から》にすることによってわれわれのストレスを解消する。このように、ゾンビとはわれわれの条件のメタファーであり、アポカリプスとはこの条件の終焉を想像するための一つのやり方なのである。

試みとしてのゾンビ

ゾンビを現代社会の分析者にすることによって、本試論は、なんらかのユニークなテーゼを擁護しようとするものでも、証明のたぐいをしようとするものでもない。あらゆる想像物がそうであるように、ゾンビはなにも証明しないし、またそれは、熟慮されたレトリックの産物でもない。とはいえ、ゾンビがわれわれに教えることなどなにもないだろうと考えるならば、それはまったく逆である。文化の対象として、またメタファーという間接的な仕方によって、ゾンビはわれわれに、われわれの不安と恐怖を見させる。まさにこれが、ゾンビがわれわれをこわがらせると同時に楽しませる理由である。

　本書の目的は、これらのメタファーを集め、解釈し、われわれの文化と結びつけることにある。われわれの文化とこのモチーフとの往還運動のくぼみにおいて、ゾンビの形象をめぐる「永遠の繰り言」（ブランショ）を通して、ある雰囲気が、つまり著作の真のプロットが徐々に姿をあらわすだろう。ゾンビという濃密かつ矛盾したクリーチャーは、背後にさまざまな懸念を点々と残してゆく。それらの懸念は、なるほど種々雑多ではあるものの、われわれ現代人にとってもはや自明とは言えないものの広がりを示している。それが示すのは、ある種の疲労や終わらすことへの意志といったものであり、また、人間の特異性や西洋文明の意味に関して増大しつつある疑念である。

＊＊＊

　分身の形象、抑圧されたものの形象、そしてアポカリプスの形象。われわれの風変わりなガイドがわれわれに提案するのは、この三つの停留所――ほかにもまだあったであろうが――である。それによってわれわれは、現代という緻密な織物の中心へと、現代の主体性という身分の内奥へと入り込むことができるようになる。

　ゾンビとは第一に、人間と区別がつかないほど人間に似たものである。人間から派生し、そこから生まれることによって、ゾンビは人間の肉体の大部分を、また断片的な記憶さえも保持している。ゾンビが特異な他性、つまり怪物の形象であるのは、それがなによりもまず「ほぼ人間」であるからにほかならない。フロイトが解したような「不気味なもの」を背景としないゾンビが存在しないのは、ゾンビが意識を取り去られた人間に似ているからである。ゾンビが、世界のリズムによって痛めつけられ脆弱化された意識を持つ現代の主体のメタファーとなりうるのは、こうした理由による（第二章）。

　われわれの文化は身体制御の文化であるが、生ける屍は、まさにその肉によって、抑圧されたものの回帰となっている。ゾンビが表象しているのは、卑しい《アブジェクト》、穴のあいた、不純な身体である。ゾンビがスクリーン上で明らかにするのは、身体や事物のゆるやかな退廃であり、われわれの文化が可視的なものの領域の外に隠そうとするような退廃である。ゾンビとは、形を持たない《アンフォルム》ものの復讐であるのだ。死とは西洋社会の究極のタブーであるが、ゾンビはこの死を示すことを、そして生者に対する死の復讐をメタファー的に際立たせることを執拗に求める。ゾンビとは、語の十全な意味において、抑圧されたものの回帰であり、またグロテスクな形象である（第三章）。

　ゾンビは、荒廃し、廃墟と化した街というアポカリプス的な表象を背景とするのがつねである。ゾンビに対するわれわれの嗜好はまた、カタストロフへの嗜好でもあるのだ。自身の崩壊の絶え間ない脅威に直面してきた西洋は、アポカリプス映画を恐怖のはけ口としてきた。その点で、廃墟と化したこれらの街は、カントがこの語に与えた意味において崇高である。それは、おそろしく、仰天させるような表象ではあるものの、しかしながら、自分が――映画館のような――安全なところにいると知っている状況において観察される際には、魅惑的なものとなり、また眩暈という甘美な戦慄をもたらす。荒廃した街を見ることによってわれわれが崇高の感情をいだくのは、まさに、人類の滅亡を目にするという幻想が、あるいは夢さえもが西洋で生まれはじめているからなのだ、ということをわれわれは理解するだろう（第四章）。

だが、これら三つの停車を行う前に、三つの分析地にキャンプを張る前に、ゾンビがいかにして現代という時代の現像液となりうるのか理解を試みる必要があるだろう。換言すれば、あるイメージがいかにしてなんらかの文化に対する認識の場となりうるのか理解する必要があるだろう。困難な証明である。これを行うためにわれわれは、ハイチから欧米にいたるゾンビというモチーフの変遷、すなわち、このモチーフが、それを援用するそれぞれの文化や歴史的な時期に適応してきた変遷をあとづけよう。それはわれわれにとって、いかにしてある種の形象が、時代や文化を横断し、ある時代の欲望と不安を同時に体現するために突然変異し、同一のイメージのなかで不幸の預言者や地震計になることができるか、ということを理解するためのよい機会となるだろう（第一章）。

ゾンビは、現代に対するわれわれの悲観や恐怖を示すことによって、われわれに警告するものである。願わくは、続くページに見出される陰鬱な雰囲気が、われわれの用心とならんことを。

モチーフ

「われわれは、その事物を占有し、搾取し、奪取する力、あるいはその事物において表現される力がどのようなものであるかを知らなければ、その或るもの（人間的、生物学的現象、あるいは物理的現象でさえ）の意味をけっして見出さないだろう。[(1)]」

両腕を前に突き出し、顔には大きな傷と見紛うばかりのメイクを施し、封鎖された通りのまんなかをのろのろと進む人々を見るとき、われわれにはゾンビがとても現代的なものに思われる。ほとんど過剰なほど現代的なものに。それは流行の影響や、また昨今のハロウィーン祭の産物であるように思われる。つまり、束の間の、逸話的な、取るに足りないものに思われるのだ。

（1） Gilles Deleuze, *Nietzsche et la philosophie*, Paris, Puf, 1962, p. 3〔ジル・ドゥルーズ『ニーチェと哲学』江川隆男訳、河出書房新社、二〇〇八年、一三頁〕.

そのため忘れられているかもしれないが、このモチーフは、少なくとも一八世紀に遡る古いものであり、西洋にやってきたのは最近のことである。やはり忘れられているかもしれないが、ブラックアフリカ発祥と思われるゾンビと、スクリーンや通りを占拠する、今日かくもポピュラーなゾンビの形象とのあいだには、連続性と同じくらい断絶がある。ゾンビの歴史は、この形象を賦活し、維持し、またそれを、たいへん古いと同時に（過剰に）今日的な対象へと変えるように思われる――ドゥルーズの言葉を借りれば――奇妙な「力」について問うよう求めてくる。ゾンビの形象が忘れられがちな時期にそれを復活させ、そこから、われわれにとって最も厄介な、最も明白な気がかりのいくつかを表現してみせるのは、この力である。

したがって、「この力」――いや、少々先取りして言えば「これらの力」――の輪郭をはっきりさせるために、ゾンビの歴史において、三つの静止画を提案するところからはじめよう[2]。それはわれわれにとって、このモチーフの変遷をはかるための目印や例の役割を果たすことになるだろう。

ハイチのゾンビ

ハイチにはゾンビ物語が数多くあり、この語自体の由来も定かでない。そこに「影［les ombres］」というフランス語の名残を認めえた者もいれば、むしろこの語および形象のアフリカ的な起源を強調する者もいる。コンゴの「mvumbi」はカタレプシーの者を、アンゴラの「nvumbi」は心を持たない身体を、ガーナ、トーゴ、ベナンの「zanbibi」は「夜のクリーチャー」を、それぞれ指す[3]。すでにブラックアフリカにおいて、カタレプシーのクリーチャー、つまりゾンビは明確な形をとっていたようである。しかしながら、西洋がこの神話的なクリーチャーに触れるようになるのは、ハイチにおける民族学的調査によるところが大きい。

ハイチにおいてゾンビの意味は、強制的な隷属状態とキリスト教的な復活を想起させる形象をめぐって明確化するように思われる。ヴードゥー教の祭司であるボコールには、「粉の一撃［coup poudre］」という名の麻痺効果を持つパウダーを用いて、人々を中毒状態に陥らせる者もいるらしい[4]。こうして仮死状態へと導かれた犠牲者たちは、死者とみなされて埋葬された後、祭司に

（2）もちろん、ほかにも静止画はあるだろう。われわれとしては、できるだけゾンビのモチーフの近くにとどまることを選んだ。広義に解された生ける屍については、とりわけ以下の参照を読者にすすめる。Daniel Sangsue, *Fantômes, esprits et autres morts-vivants. Essais de pneumatologie littéraire*, Paris, José Corti, 2011; Jean-Claude Schmitt, *Les Revenants. Les vivants et les morts dans la société médiévale*, Paris, Gallimard, 1994 ; Claude Lecouteux, *Fantômes et revenants au Moyen Âge*, Paris, Imago, 2008.

（3）Hans W. Ackermann et Jeanine Gauthier, « The Ways and Nature of the Zombi », *The Journal of America Folklore*, vol. 104, n° 414 (automne 1991), p. 468.

（4）ここでわれわれは条件法を用いているが、このような実践はいまだに行われているらしい。おそらく、最も有名かつ最も疑わしい報告は、ハーバード大学の民族植物学教授ウェイド・デイヴィスのものである。

よって式文の奉唱とともに掘り起こされ、奴隷として彼に仕えさせられる。これらの奴隷、つまりゾンビは、心を持たない身体、蛻《もぬけ》の殻であるだろう。パウダーは、犠牲者からあらゆる主体性を奪い去る結果となったのである。祭司たちは、家事や畑仕事にゾンビを使うだろう。彼らは精神を持たないおかげで、より荒っぽい、またより暗鬱な仕事を命ぜられることは免れる。多くの者にとって、このドラッグの効果は一時的なものであるため、ゾンビは、その定期的な服用がなければ意識を取り戻すだろう。こうして、さまざまな人々が緊張病的《カタトニー》な隷属状態から助かったと言われている。

主体のありうる変化――つまり悪夢――を描いているように思われるがゆえにおそろしげなクリーチャーであるゾンビは、ハイチおよびブラックアフリカの植民地的な状況に根づいたものである。この意味において、ゾンビは二つの源泉から汲み取られている。まず、奴隷制度をめぐる想像力である。それをはっきり見て取れるのは、ゾンビが、個性を失い反抗することのできない主体を表象している、という点である。つぎに、カトリック的な宗教である。生と死の境界をぼやけさせる祭司は、キリスト教における復活の神話――それもまた、ハイチ社会に広く認められるがゆえに多義的なものである――の不穏な解釈を体現している。

たとえゾンビにまつわる神話が悪夢的な状況を表象しているとしても、そこには解放の可能性が刻まれている。呪いは断ち切られうるし、ゾンビは人間性を取り戻しうるのだ。それゆえ、ゾンビは悲劇的な状況や呪いであるのだが、しかしたいていの呪いがそうであるように、その悪い力は宿命とはなりえないだろう。解放が――いささか含みのある言葉を用いれば――視野《ホライズン》にとどまっている世界ではそうだろう。

一九世紀以降、この形象は西洋の、つまりアメリカやヨーロッパの民間伝承《フォークロア》のなかに入ってくるだろう。ここで言う民間伝承《フォークロア》の定義には、映画や文学へのゾンビの登場も含まれる。一九二九年、ウィリアム・シーブルックの小説『魔法の島』はゾンビ化のプロセスを描写し、それは今日ではしばしば、ゾンビをアメリカ文化に紹介したフィクション作品とみなされる。一九三二年、ヴィクター・ハルペリンはベラ・ルゴシ主演で『ホワイトゾンビ』を監督し、これは最初のゾンビ映画とされている。彼は、比較的正確にアフリカのゾンビの定義を守るだろう。すなわち、ゾンビとは悪意の者によってドラッグ中毒にされた人々のことであり、また、彼らが完全に意識を失ったとしても、そうした状態は一時的なものである。ゾンビが存在するのは、邪悪な人形使いが陰で操っているからにほかならないのだ。ゾンビたちはまだ、感染によって繁殖することはで

ゾンビをもっともらしい物理的現象としたことで名高い著作『蛇と虹』のなかでW・デイヴィスは、いかにして彼が、一九八五年にハイチに赴き、仮死状態を誘発することのできる奇妙なドラッグの組成を理解しようと試みたのか語っている。「(そのドラッグは)完全に動かなくなることを特徴とする深い麻痺状態を引き起こし、その期間中は、訓練を受けた医師にさえ、生と死の境界がまったく不明確になるのだ」。(W. Davis, dans Kyle Bishop, « Raising the Dead : Uneart- hing the Non-Literary Origins of Zombie Cinema », *Journal of Popular Film and Television*, 2006, vol. 33, n°4, p. 198〔ウェイド・デイヴィス『蛇と虹――ゾンビの謎に挑む』田中昌太郎訳、草思社、一九八八年、一三〇頁〕.)

きない。彼らはまだ――アメリカ文化においては遠からずそうなるが――独自の繁殖法を持つ新種ではないのである。

一九六〇年代のゾンビ

二番目の静止画は、一九六〇年代から八〇年代にかけてのゾンビであり、とりわけジョージ・A・ロメロの三部作、『ナイト・オブ・ザ・リビングデッド』（一九六八年）、『ゾンビ』（一九七八年）、『死霊のえじき』（一九八五年）のゾンビである。本シリーズはロメロや彼のフォロワーたちによってその後も続編がつくられたが、初期の三作は、新たなゾンビ像を活写し、また後続世代の監督たちにとってモデルの役割を果たしたという点で際立っている。

ハイチのゾンビとロメロのゾンビとのあいだには、文字通り大きな隔たり《モンド》がある。ゾンビはもはや、死者とみなされる生者ではない。まったく逆であって、それは生者に見える死者、「ほぼ生者」なのである。ゾンビはいまや、目的もなく気ままにさまよう。彼はこれまでも、心を持たない、のろまで愚鈍なクリーチャーであったが、いまや導き手もいない。彼がその無気力状態《アパシー》から脱するのは、人間と対面したときだけである。そのときだけ、彼の究極的な、最もシンプルな意志が、生者を貪り食うという意志があらわれる。この点においてゾンビは、食屍鬼《グール》を想起させる。すでに『千夜一夜物語』に見られるこのアラブやペルシアの悪魔は、死者を掘り起こし、それを貪り食うのである。

ロメロはゾンビの形象を変容させ、翻案する。彼はそれを、完全に腐敗した死体にするのである。今度は、ゾンビの死後の生――その相対的な生――は、完全に超自然的なものに感じられる。ゾンビはもはや、呪術師の呪いによって生み出されたものではなく、いまや支配者も持たない。また、もしゾンビが依然なんらかの計画の道具であるとしても、その計画は秘められた、とらえがたいものとなっている。あたかも、ゾンビはファンタジーの新たなカテゴリー、超自然的な偶然性というカテゴリーを発明したかのようである。驚異の力が死者たちをよみがえらせ、彼らから意識を完全に奪い去るのだが、しかしこうして引き起こされた恐怖は、破壊それ自体のほかに究極的な目的を持たないように思われる。それゆえ、支配者を持たず死んでいる、というゾンビの条件は宿命であるのだ。それを覆すことはできないだろう。できることといえば、これらクリーチャーたちを、最初の状況、つまり他界へと送り返すことだけだろう。

ゾンビは、最後の特性――これも新しいものである――を付け加えられることによって、途方もない戦争機械へと変化する。その特性とはカニバリズムである。ゾンビは人肉を食らう。また、それゆえ人間を追い求め、殺すのであって、人間の命を絶つことによってそれをゾンビに変えるのである。

こうしてロメロはゾンビを新種にする。『ゾンビ』の登場人物の一人、ミラード・ラウシュ博士はこのことを、つぎのように強調している。

標準的な問い、いつも真っ先にくる問いは、「彼らは食人種《カニバル》なのか」というものである。ノー、彼らは食人種《カニバル》ではない。語の真の意味におけるカニバリズムには、種内部の活動という含意がある。これらのクリーチャーは人間とはみなせない。彼らは人間を捕食するが、互いに捕食し合うことはない。これが違いである。彼らは暖かい人肉にのみ襲いかかり、餌食とするのだ。知性についてはどうか。見たところ、論理的思考能力はほとんど、あるいはまったくないが、基本的な能力ならそれよりは残っているようだ。普通に暮らしていたときの振る舞いで忘れていないものとか。クリーチャーが道具を使用するという報告もある。だが、そうした行動でさえ最も原始的《プリミティヴ》なものである。たとえば、棍棒などの道具の使用ということだ。動物でさえ、この程度の道具使用は取り入れるだろう、と指摘しうるかもしれない。これらのクリーチャーは、純粋な、動力化された本能以外のものではない。われわれは、それがわれわれの家族や友人であるといった考えによって宥《なだ》められてはならない。彼らはそのような者たちではないし、そうした感情には応えないだろう。

新種であって、もはや妖術ではないのだ。いまや手の施しようのない見た目をしたゾンビの状態やカニバリズムは、その呪いを封印してしまうだろう。ゆえに、事態は異種間の紛争へと――戦争へと――悪化しうるだろう。それは、人間の死がゾンビ陣営の糧となるという点において、すでにユニークな全面戦争である。

＊＊＊

ロメロはハイチのゾンビの形象に、もう一つの、広く認められた参照項を付け加えた。一九五四年出版のリチャード・マシスンの小説『地球最後の男』である。本作でマシスンが語るのは、死者を、血に飢え光をおそれる吸血鬼へと変える奇妙な伝染病の最後の生き残り、ロバート・ネヴィルの生活である。そこには、人間を餌食にする第二の種という、ロメロが引き継ぐことになるアイデアが見られる。それは人間性さえ持った新生種であるが、あまりにも異なった性質を示すため、結局は独自の自治生活を望むにいたるだろう。マシスンの吸血鬼たちは意識を与えられており——ここではそれが小説の物語的な力となっているのだが——、ネヴィルを片づけることを望む。それは彼を餌食にしようとしてのことではなく、ネヴィルが彼らの種を虐殺するからなのだ。

肉食のクリーチャーたちが住みつく荒廃した世界におけるサバイバルは、マシスンから借用された、ロメロ映画のもう一つの中心的なモチーフとなっている。ロメロ以降、荒廃した世界観を背景としないゾンビは存在しない。『ナイト・オブ・ザ・リビングデッド』においては、こうした荒廃はほとんど見られない、いや最終的には抑制されているが、それは『ゾンビ』で規模を拡大し、『死霊のえじき』では地球全体を覆い尽くすにいたる。この意味において、当該三部作は、同じ登場人物を使用しているわけではけっしてないけれども、地表におけるゾンビの増大によって可視化される、ある発展の産物である。ロメロ映画は――少なくとも二〇〇〇年代までは――、次第に顕著な仕方で、サバイバル状況や荒廃した世界における生の意味についての考察を含むようになるだろう。(5)『死霊のえじき』において、ゾンビに包囲された地下基地へと撤退した人間たちは、伝染病の原因を理解し、自分たちの不安定なサバイバルに意味を与えようと試みる。ロメロは、ゾンビを利用して、さまざまな社会関係の退廃について考察し続けるだろう。人々は、ゾンビの襲撃に照らされて、真の傾向性やみずからをつき動かす根源的な価値観を曝け出すことになるのだ。

伝染病としてのゾンビ

三番目の静止画は最近のゾンビ映画である。ロメロが創始したこのジャンルと、後に本モチーフを引き継いだ数多くの作品とのあいだにあるのはもちろん、断絶というよりも中断である。とはいえ、ある根本的な要素が、これらの作品を、ロメロが創設しえた原型《モデル》から区別している。その要素――その社会的・文化的要因はやがて明らかになるだろう――は、生ける屍の起源と、彼らの状態が広まる仕方にかかわる。

忘れられがちであろうが――というのも、そのような解釈を提示したのは、おそらくロメロ一人であったので――、彼の映画におけるゾンビは、それ自体が伝染病に由来するわけではない。『ナイト・オブ・ザ・リビングデッド』に出てくるジャーナリストはこのことを、つぎのように述べている。

亡くなって間もない人たちが生き返り、殺人行為にかかわっていることが確認されました。葬儀場、死体安置所《モルグ》、病院への広範囲にわたる調査から、埋葬前の死者が生き返り、人間の犠牲者を探し求めていると結論づけられたのです。このようなことをお伝えしなければならないのはわれわれとしてもつらいのですが、これは確かに事実のようです。

要するに、このカタストロフの原因はゾンビによるかみ傷ではない、厳密に言えばウイルスではない、というわけである。埋葬前のあらゆる死者は、もっと単純に、もっと面食らわせるような仕方で生き返る。実際、それらの屍骸は数秒でよみがえり、生者たちに襲いかかるのだ。あ

(5) ついでながら指摘しておけば、『地球最後の男』から引き継がれたアイデアはサバイバルで終わりではない。ロメロ映画では、もう一つの、密やかかつ根本的なアイデアもまた、重要なものとなってゆくだろう。マシスンの小説において主人公は、伝染病の感染者たちが病気を克服し、日の光のもとで生活しはじめていることを知る。こうして新種は、より人間的かつ自律的になるのだ。この、生ける屍における意識の発生というアイデアは、より最近のロメロ映画、『ランド・オブ・ザ・デッド』にあらわれている。そこで生ける屍は、彼らのリーダーのもと結束し、人間の支配者たちに対して反乱を起こすにいたるだろう。

らゆる道理を超越した伝播方式に基づく、この超自然的な災厄は、神罰とたいへんよく似ている。さらに、このような解釈は幾人かの登場人物によって繰り返されるだろう。たとえば、『ゾンビ』ではつぎのような会話がなされる。

フランシーン・パーカー「奴らはいったいなんなの？」
ピーター「奴らは俺たちってわけさ。地獄が満杯で追い出されたんだ」
スティーブン「なんだって？」
ピーター「じいさんから聞いた奇妙な話がある。マクンバは知ってるか？　ヴードゥーさ。トリニダードで祭司をやってたじいさんが言ってたよ、「地獄が満杯になると死者は地上を歩く」ってね」

ヴードゥー教は一八世紀以来、カトリシズムの影響を深く受けてきたが、ここに見られる災厄の起源の解釈は、ハイチのゾンビという形象とキリスト教的な復活の観念のようなものとを、いま一度架橋するものであるように思われる。それゆえロメロにおいて、このようなカタストロフは人間の声によってはとめることができないのであり、またその意味において、『ナイト・オブ・ザ・リビングデッド』の結末は多義的なものにとどまっている。いかにして死者の生き返りを終わらせるのか。なぜ急に罰は終わるのか。その続編（『ゾンビ』および『死霊のえじき』）が示すことになるのは、それが結局のところ束の間の小康状態に過ぎなかった、ということである。

神罰という発想は、西洋社会に対する道徳的な審判として、回折した、またその意味でより一般的な審判として存在し続けるだろう。だが、ロメロの後継者たちが確立することになるのは、一九七〇年代、そしてとりわけ一九八〇年代を駆り立てる恐怖とより符合的な伝播方式である。いまやわれわれは、感染者にかまれた後にしか、さらには、たんに血によってしかゾンビにならないだろう。また、ゾンビ、この生き返った死者は、死を運命づけられ隣人への感染を運命づけられた生者という、エイズ患者にまつわる厄介なメタファーともなろう。

いずれにせよ、このような伝播方式の変化によって、ゾンビのモチーフは幻想的な含意を失い、バイオテクノロジー研究を取り巻くさまざまな恐怖の表象となっていった。たとえば『バイオハザード』においては、ゾンビの伝染は、絶大な力を持つ私企業（アンブレラ社）の生産した生物兵器が盗まれ、ついで拡散したことの結果として起こる。さらにより具体的な例として、『二八日後…』や『二八週後…』のような作品は、ゾンビ映画の大半のロジック――アポカリプス、意識の喪失、暴力――を保持しつつも、伝染病を、怒り《レイジ》を発露させる相当強いウイルスの拡散としている。猿に対して行われていた実験が失敗した結果である。

進化と変化

ゾンビの形象は変化し、姿を変え、進化し、それを援用するさまざまな文化に取り入れられてきた。ハイチの文化にとって、ゾンビは奴隷状態という悪夢めいた形象となるだろう。すなわち、個人を、思考によってその状態から身を引き離すことすらできないたんなる操り人形にしてしまうような隷属状態の形象である。ゾンビはまた、カトリックの宗教から着想を得た、死者をよみがえらせるという奇妙な力を具現化するだろう。ゾンビは、祭司の権威に対する魅惑と、奴隷状態や心神喪失に対する恐怖とを同時に表現しうるようになるのである。

西洋においてゾンビは、神罰の形象や死者の生き返りを、死の新たな化身《アバター》たるエイズをめぐる不安のメタファーやバイオテクノロジー研究に対する恐怖を体現することになるだろう。ゾンビはまた、死の意味をめぐるある時代——つまり現代——の不安に形を与えるだろう。われわれにとってゾンビとは、ある種の空虚の怪物、もっと言えば西洋のある種の疲労の怪物となるのである。

一九七〇年代から今日までの映画におけるゾンビがわれわれの気にかかるのは、弱々しい敵という、つまり人間に優るのではなく劣る敵というその立場ゆえである。ファンタジー映画やホラー映画の古典的なシナリオは、人間と人間より強いクリーチャーとの不均衡な戦いに基づいており、そこには、克己、チームワーク、そしてクリーチャーを打ち負かすための好機《チャンス》といったものが求められるだろう。ゾンビ映画は、これとはかなり異なった領域で作動する。すなわちそれは、西洋の敗北を、それどころか、その自己破壊を体現しているのである。西洋の生み出した悪は、劣った人間を誕生させ、地球上の生物を大量に殺戮しうることが明らかとなっている。人間は、この驚くべき戦いのなかで、みずからの最良のものではなく最悪のものをはっきりと示すことになるだろう。人間たちは、こうした敵に直面して、互いに非難し合い、殺し合うようになってしまい、一致団結して悪夢に立ち向かうことができないのである。ゾンビ映画は、消費社会への批判であるばかりでなく、おそらくより根本的には、西洋の個人主義的かつナルシスティックな価値観への批判ともなっているのだ。この点には、今後も折に触れて立ち戻る必要があるだろう。さしあたりは、ゾンビというものが容易に打ち負かせる敵としてあらわれることを強調しておこう。すなわち、人間の敗北——それはほとんどの場合、歴史の教訓となる——はおそらく、ゾンビ自体というよりは人間によって、勝利のために組織化することも団結することもできなかった人類によってなされたものだということである。人間が殺戮されるのは、たんなる個体性を超えたところでみずからを思い描くことができないからなのだ。

＊＊＊

ゾンビというモチーフの進化を確認するために必要な距離をとる者には、つぎのような問いがほとんど自然に生じる。それは、あるイメージがこのように変化することは、つまり時間を貫くことは普通であるのか、またこの奇妙な能力をどのように理解したらよいのか、という問いである。そもそも、ゾンビを理解するとは、つぎのことを把握することを意味する。すなわち、ある想像上のモチーフが、時代を駆り立てる問題とあまりに符合し、ついにはこのモチーフが変化して、進化の道をたどるようになるのはいかにして可能なのか、ということである。イメージが時間を生き延びることについて考えるために、少々回り道をして、アビ・ヴァールブルクがわれわれに残してくれた道具を使ってみよう。

＊＊＊

美術史の父アビ・ヴァールブルクは、なるほど複雑で矛盾した人物である。彼は、ヴァールブルク銀行の跡取りという幸運からは一線を引きつつも、一家の富を利用して、二〇世紀初頭に、人文科学史上ユニークな、最も魅惑的な図書館の一つをつくり上げるだろう。学科《ディシプリン》ではなくテーマごとの分類において人類学、美術史、考古学、自然科学、心理学を結びつけることによって、その図書館は、思考のための強力な機械として、またヴァールブルクの心《プシュケ》の真のレントゲンとして機能することになる。(6)

天才的ながらも脆い精神の持ち主である彼は、生涯を通じてわずかな出版物しか残さないものの――そのほとんどが『フィレンツェ論』(7)に収められている――、執筆自体は大いに行い、百万ページ近くの覚書、草稿、図表を残すだろう。こうした覚書から熱に浮かされたようなカリグラフィーにいたるまで、いずれも議論というより閃きからなるが、そこにあらわれているのは、豊かな、またときにかなり難解な思考である……。実際、ヴァールブルクの天才は、彼が発展させることになる驚くべき思考の道具、彼の図書館の中心に置かれ、彼の野心を具現化するところのムネモシュネ・アトラスを通じてのほうが、おそらく理解しやすい。ヴァールブルクは黒板に、およそ異なった文脈やメディウムに由来するさまざまな作品やオブジェの写真をピン留めしてゆく。ルネサンス絵画や古代の彫刻、政治的プロパガンダの複製やさまざまな遺物、これら多様なもののなかにあって、ヴァールブルクが「芸術」という対象《オブジェクト》以上に絶えず関心を寄せるのは、さまざまな作品や表象が内包するイメージである。彼が気を配るのは、芸術やスタイルをそのメディウムや技術によって把握することではなく、メディウムや技術を通過するもの、あるいはより適切には、それを介して和解するもの、要するにイメージをとらえようとすることである。たとえば彼は、古代のマイナスの形象をたどりつつ、壺絵を通ってギリシアの彫刻へと、ル

（6）ヴァールブルクの伝記については、フランス語では以下を参照のこと。Georges Didi-Huberman, *Image survivante. Histoire de l'art et temps des fantômes selon Aby Warburg*, Paris, Minuit, 2002〔ジョルジュ・ディディ＝ユベルマン『残存するイメージ――アビ・ヴァールブルクによる美術史と幽霊たちの時間』竹内孝宏・水野千依訳、人文書院、二〇〇五年〕; Philippe-Alain Michaud, *Aby Warburg et l'image en mouvement*, Paris, Macula, 1998.

（7）Aby Warburg, *Essais florentins*, Paris, Klincksieck, 1990.

ネサンスの宗教画や風俗画へといたるだろう。彼は、同一の形態が、さまざまに姿を変えつつも時間を貫くにいたるのはいかにしてなのか理解しようと試み、このような変化と抵抗の能力を残存（*Nachleben*）と名づけることになる。

つぎのことは銘記しておこう。ヴァールブルクの思考に接近することは、実践的にも――彼の手書きの覚書の大部分は未刊行である(8)――、理論的にも――今日のわれわれは、彼の思考のオリジナリティを理解するための哲学的能力を欠いている――難しい。もしゾンビが、ヴァールブルクの思考を介した分析をいわば求めているように思われなかったら、おそらくわれわれは残存（*Nachleben*）を、魅力的ではあるが証明不可能な仮説とみなしていただろう。

ヴァールブルクにとって、さまざまなイメージ――また、個別に取り上げられる各イメージ――は、持続の堆積の産物である(9)。人間のあらゆる制作物と同じく、イメージを構成するそれぞれの素材には固有の歴史があり、この個々別々のあらゆるリズムが、イメージ特有のメロディーを生み出す。イメージが複雑なものであるのは、そのうちで、表象の歴史が技術と、メディウムの歴史が、もっと単純に芸術家の個々の嗜好と混ざり合っているからである。ヌード表象の長い歴史を考えてみよう。それは技術的な方法の問題でもあり、美のカノンの進化の問題でもあり、幻想の問題でもある。ハイチの怪物とトラウマを負った個人、血に飢えた獣と伝染病患者、匿名の群衆と人間の分身、いまやこれらのものが混ざり合った複雑なブリコラージュの産物たるゾンビは、このことを完璧に図説している。

ゾンビとは、暗示的意味《コノテーション》、時間性、各々の時間性を有する争点といったものが真に交わる地点である。ディディ＝ユベルマンの指摘によれば、イメージの運動は、「イメージ全体を貫き、各々が、はるか彼方から出発し、イメージの彼岸へと続いていく軌道——歴史的、人類学的、心理学的な——を描く」(10)。それゆえ、あるイメージが時間を貫くのを見たとしても、そこには驚くべきことはまったくない。なぜならば、イメージとはすでに時間から織りなされているのだから。

　こうして、長い期間をかけてモチーフは変化し、傾斜してゆく。時間がモチーフにゆっくり働きかけるのだ。あたかも、あるモチーフが特性の一部を保持しつつ存在し残存するのは、さまざまな力や欲望に用いられることによってのみであるかのように。そう、ヴァールブルクの古代のニンフ——残存するエロティックなイメージであり、このドイツ人研究者の真の強迫観念——は、ルネサンスにあって涙にくれるマドンナに具現化するのである。たとえば、ベルトルド・ディ・ジョヴァンニの《磔刑図》（一四八五年）のそれや、さらにはギルランダイオの《洗礼者聖ヨハネ

（8）ただし、ヴァールブルクの手書きの覚書および書簡の仏訳出版に向けた努力には留意する必要がある。Maurizio Ghelardi, Suzanne Müller et Roland Recht : Aby Warburg, *Écrits I : Miroirs de faille, à Rome avec Giordano Bruno et Edouard Manet, 1928-1929*, Paris, Presses du Réel/l'Écarquillé, 2011.

（9）以下では、ヴァールブルクについての著作におけるジョルジュ・ディディ＝ユベルマンの分析に従っている。Georges Didi-Huberman, *L'Image survivante, op. cit*〔ジョルジュ・ディディ＝ユベルマン『残存するイメージ』、前掲書〕.

（10）*Ibid*., p. 39〔同書、四二頁〕.

の誕生》（一四九〇年）における果物籠を運ぶ侍女のように。

　われわれの話に引き戻すならば、ゾンビとは確かに当初、恐怖のクリーチャーであった。しかしながらそれは、次第に滑稽な、グロテスクなものとなり、ついにはおそろしい側面を失うところまでゆく傾向がある。マックス・ブルックスの『ゾンビサバイバルガイド』のような思いきりユーモラスな本や、さらにはゾンビたちの歩行（ゾンビ・ウォーク）のことを考えてみよう。その演出はそれぞれ、ゾンビのある面をほかの面よりも特権化している。こうした再流用《リアプロプリエーション》の過程で、この形象の意味や形態はゆっくりと変化し、傾斜してゆく。これらの変化――われわれは遠からずその真価を見定めることになる――は、取るに足りないものであるどころか、社会をつき動かす問題や争点を白日のもとに曝すものである。

　したがって、ヴァールブルクの第一の教えは、イメージとは「一つのもの」ではない、というものとなる。それは、さまざまな時間性の堆積からなるからである。また、第一の教えから必然的に導かれる第二の教えは、イメージは統合されたものではない、というものである。イメージのうちでは多様な形態や力が混ざり合っており、そのあまりの多様性からイメージは、滑らかな表面ではなく、ときに矛盾する欲望や緊張によって賦活される形態となるにいたる。「［芸術という対象《オブジェクト》］は、まさに一つの対象《オブジェクト》ではなく、諸関係の複合体――さらには寄せ集め、集合、あるいはリゾーム――であった」[11]とディディ＝ユベルマンは書いている。今日、ポルノグラフィックなイメージの分析が、女性の剝き出しの脆弱な身体に対する欲望の――人類学的な――残存と、新たな性的強迫観念について同時に考えるための入り口――なるほど部分的ではあるが、豊かな入口――となっていることを、誰が否定するだろうか。イメージは、図説であるよりもずっと、「その歴史のある瞬間に「文化」であるもののとくに意味深い結晶、圧縮」[12]となるのである。まさにこれこそが、ヴァールブルクが芸術家を地震計と考えた理由であり、またイメージが――われわれにとって――徴候である理由である。[13]イメージは、歴史のある瞬間に文化を賦活するものを示すのである。

ディディ＝ユベルマンが指摘するように、徴候という精神分析的な発想は、総じてヴァールブルクの思考の最も近くにある。徴候は、読解よりもむしろ解釈――もっと言えば重層解釈――の対象として、ヴァールブルクの残存するイメージの濃密さに意味を与えるものである。[14]徴候は、

---

(11) *Ibid*., p. 48〔同書、四八頁〕.

(12) *Ibid*., p. 51〔同書、五一頁〕.

(13) さらにヴァールブルクにとって、反時代性とはおそらく、あるイメージのなかでなにかが行われていることの最良のしるしであり、最も明白な徴候である。ディディ＝ユベルマンは、さらにつぎのように書いている。「残存する形態は、ヴァールブルク的意味においては、競争相手の死に対して勝ち誇って生き延びることはない。むしろ逆に、それはみずからの死に対して、徴候や幽霊として生き延びる。歴史の一時点では消滅したが、ずっと後になって、おそらくもはや誰も待ち望むことがなくなった瞬間に、それは再び出現する。その結果、残存する形態は「集合的記憶」としてなおも誤って定義されている冥府のなかで生き延びてきた」(*Ibid*., p. 67〔同書、七〇頁〕)。

(14) ディディ＝ユベルマンはつぎのように指摘している。「徴候は置き換える。置き換えられる。したがって、

変化しつつ時間を貫くことができる、抑圧された欲望同士の結び目として、残存するイメージの可塑性や反時代性を説明する。(15) 徴候は、知と認識の脱組織化として、残存するイメージが美術史の領域において生み出すのと同じ効果を、心《プシュケ》に関する科学的考察の領域において生み出す傾向がある。(16) こうした点で、ヴァールブルクのイメージは徴候に似ているのであって、またそれは、もしかすると精神分析の長年の夢の一つを実現させうるかもしれない。その夢とは、ある時代の文化を、個的主体と同様の反射――抑圧、抑圧されたものの回帰、否認、欲望など――によってつき動かされる一つの巨大な心《プシュケ》にするというものである。その結果、イメージは、ほかの社会現象と同じく、突発的にあらわれ諸事物の日常的な癒着を断ち切ることによって、ある時代について考えるうえでとりわけ豊かなしるしとなるだろう。

最後に、微妙な差異について。われわれは、ゾンビをよく理解するためには、徴候についてのフロイト流の定義から距離をとる必要がある気がしている。そこでは、あらゆるものが二つの矛盾する欲望の対立から、二つの拮抗する力の対立からなるとされている。(17) そして、もしヴァールブルクに関するディディ＝ユベルマンの一面では素晴らしい著作を批判しなければならないとすれば、われわれは、彼がドイツの美術史家の仕事について考えるために、フロイトに――また、

徴候は両義性の次元でしか考えることができない。[……]象徴は、たいてい理解されるものとしてつくられるのだが、最初のアイデンティティを失うほどまでに置き換えられる場合、その意味作用を窒息させるほどまでに増殖し、みずからの記号領域の境界を侵犯するような場合、その瞬間から徴候と化す」(*Ibid*., p. 304

〔同書、三二〇頁〕)。
(15) 彼はさらにつぎのことを強調している。「徴候が隠蔽されるのはそれが変形されるからであり、徴候が変形されるのはそれが置き換えられるからである。確かに、徴候はすべてをあからさまに示すのであって、なにも隠したりしない——ときには猥雑の閾に達することすらある——のだが、しかし徴候は形象として出現する。すなわち、迂回として出現する」(*Ibid.*, p. 304〔同書、三一九頁〕)。
(16) Georges Didi-Huberman, *Devant l'image. Question posée aux fins d'une histoire de l'art*, Paris, Minuit, 1990, p. 174〔ジョルジュ・ディディ゠ユベルマン『イメージの前で——美術史の目的への問い』江澤健一郎訳、法政大学出版局、二〇一二年、二四三～二四四頁〕.「なぜならイメージの世界は——それを世界と呼べるならだが、むしろ特異なイメージの噴出や、雨のように降り注ぐ特異なイメージの星々と言おう——、けっしてその対象を命題——正しかろうが間違っていようが、正確であろうが不正確であろうが——であらわせる論理の項目としてはわれわれに示さないからである。〔……〕雨と降る星々すらも、その構造を持っているのだ。〔……〕イメージの「世界」は、論理の世界を拒絶するどころか事態はまったく逆である。イメージの世界は論理の世界を利用する、つまりなによりも前者は後者の内部にもろもろの場を生み出すのであり——機械装置の部品のあいだに「遊び」があるという場合のように——、それらの場で、イメージの世界は、否定的なものの力として与えられる自分の力を汲み取るのである」。
(17) フロイトによるヒステリー患者の記述——ディディ゠ユベルマンがしばしば引用するもの——は典型的である。「〔……〕わたしが観察したある事例では、患者は自分の身体にぴったり張りついた衣服を(女性として)一方の手で押さえ、同時に(男性として)もう一方の手でそれを引きはがそうとする。この矛盾をはらんだ同時性は、発作におけるきわめて可塑的に形象化された状況の理解不可能性をほとんど条件づけており、したがって、活動している無意識的幻想の隠蔽に、完全に加担している」(Georges Didi-Huberman, *L'Image survivante*, *op. cit.*, p. 296〔ジョルジュ・ディディ゠ユベルマン『残存するイメージ』、前掲書、三一一頁〕)。フロイトはさらにつぎのようにも指摘している。「徴候とは矛盾した二つの欲望の実現を表象するものである」(*Ibid.*, p. 298〔同書、三一三頁〕、傍点は引用者による)。

その二項対立に——あまりに直接的に依拠しているかもしれない点を問いなおすべきだろう。おそらく、ディディ＝ユベルマンに対しては、ドゥルーズとガタリがフロイトに向けたのと同じ非難、つまり多数性の欠如という非難がなされるべきなのだ[18]。意味深く濃密な現象——徴候——は複雑性のメーターを二でとめない。あらゆる動機がつねになんらかの寄せ集め《アサンブラージュ》からなるように、一つの現象は、つねに重層決定であるのだ。

かくしてわれわれは、ゾンビとは二つの矛盾する欲望の弁証法からなるものではないと考えるし、読者もやがてそれを理解することになる。ゾンビにおいて問題となっているのは、欲望であるだけでなく恐怖でもあるかもしれないのだ。さまざまな鮮烈な恐怖から、あるクリーチャーがつくり上げられ、それは現代の想像物にまでいたる道を多様な仕方で切り開きうる。こうして、いまや現代の映画や小説やストリートにあらわれているゾンビの後を追ってみると、このようなモチーフにさえ、現代の問い、疑念、幻想の数々が姿をあらわしうるようになったことが理解される。これこそが、ゾンビがわれわれを魅了し、かくも人気がある理由であり、また、ゾンビが現代という時代の並外れた現像液でもある理由である。

(18) ディディ＝ユベルマンの思考における他性や明確な対立への依拠について、われわれは以下の見事な講演を参照している。Katrie Chagnon, *Amitiés théoriques et relation affective chez Georges Didi-Huberman*, « Penser la théorie », Département d'études françaises, Université Concordia, 14 avril 2011.

分身

「幻想は現実世界の確かさを前提としているが、それは、この確かさをよりよくそこなうためである。」

ロジェ・カイヨワ「イメージ、イメージ」(『著作集』所収)

ゾンビがわれわれの恐怖や不安をこれほどよく表現することができるのは、それがわれわれに似ているからである。いくつかの細かい点を除けば、ゾンビとは人間なのであって、この近接性によってこそゾンビは恐怖を引き起こす。これは後にわかるだろうが、ゾンビが死から回帰することによってただちに幻想の領域に入るとして、この移行には、つぎのような疑問がつきまとう。すなわち、それはまだ人間なのだろうか。いかなる点において、それはわれわれと区別されるのか。また、もしもはや人間でないとすれば、われわれはそれを殺したり実験に供することが許されるだろうか。拷問にかけることはどうか。

ゾンビと人間の類似性、類縁関係を理解しようとすれば、最終的には、人間の条件の諸限界について、また人間の地位の失墜というおそろしい可能性について問う必要がある。ゾンビが言及する問いは、理論的な意味で、さらには哲学的な意味でも楽しいものばかりではない。というのも、それらの問いは、まさに現代思想にとって最も不安をかき立てるようなものであり、現代をにぎわす数々の議論の表出となっているからである。つまりそれは、われわれに取り憑いているのだ。

* * *

ゾンビをめぐる知覚の現象学は、そのはじまりにおいて、ある疑わしさを前提としている。それは、はじめ目の焦点が合わずに、知覚が戸惑うときと少し似ている。こうしたシーンは古典的なものである。遠くにいる人物が、なにかのろのろと作業をしているように見える。ここからは、彼は歩いているようにも見えるし、待っているようにも見える。ただ、なにかが妨げとなっているのだ、歩みや姿勢においてなにかが。なんらかのこわばりかもしれない。ロメロ映画の第一作、『ナイト・オブ・ザ・リビングデッド』の冒頭シーンには、すでにそういったものが描かれている。バーバラとジョニーの兄妹は、人里離れた墓地にある父の墓へと出かける。ジョニーはこのシチュエーションを利用して、バーバラに子ども時代の遊びを思い出させる。

「ここは本当にこわい場所だったよな」

「ジョニー！」

「君はまだこわがってるのか……」

「もうやめて！　言ってるじゃない！」

「奴らが君をつかまえにやってくるぞ、バーバラ……」

「やめて。バカじゃないの」

「奴らがやってくるぞ、バーバラ」

「やめて。子どもみたいよ」


遠くにいる男の様子には、特段変わったところはないように見える。彼は、親近者の墓に花を手向けにやってきた人物、映像の背景を飾る、取るに足りない端役のように思われる。また、カメラは彼をさっと横切るだけで、そこに注意がとどまることはないため、のろのろとしていて覚束ない歩き方も、おそらく気にかかることはない。目は自然と行為のほうに向かい、このかすかな不協和音を忘れ去ってしまう。いずれにせよ、ジョニーはおびえる妹をばかにしてよろこんでいる。

バーバラは兄に、やめてと言って背を向ける。そして彼から離れて落ち着きを取り戻そうとする。このふらふら歩きの男を見たジョニーは、さらなる戯れのきっかけを見つける。

「奴らがやってくるぞ！　ほら！　奴らの一人だ！」
「聞こえるわよ！」
「奴がくる、俺は逃げるぞ」

最終的に、この徘徊者――もちろん生ける屍――は、バーバラに飛びかかってくる。兄は妹を守るために戦い、墓石に激しく頭を打ちつけ、死線をさまようことになるだろう。本シーンは、フロイトが不気味なものと呼んだもののほとんど文字通りの図説《イラストレーション》となっている。

現実が横滑りするとき

不気味なものは、ありふれた現実がほんのちょっと傾くところから生じる。それは、諸事物からなる滑らかな表面を破砕し、その慎ましさ自体によって恐怖を拡散させうるような「ほとんど無」である。不気味なものとは、明確な境界や境目を有した対象というよりも、つまり抽象的対象というよりも、一つの経験である。したがってそれは、その都度特有の文脈から生じる。

まずある種の正常さを想定することによってこそ、不気味な印象はあらわれうる。フロイトはこのことを強調している。「一見したところありふれた現実の地盤の上に作家が舞台設定する場合には［……］、作家は体験のなかで不気味な感情を発生させるに有効な条件もすべて引き受けることになり、人生において不気味な印象を与えるものはすべて、創作のなかでも不気味な印象を与えることになる」[1]。不気味なものは、目に見える世界の、これといって特徴のない起伏を破砕するのである。さらに、『幻想アンソロジー』の巻頭エッセイにおいてロジェ・カイヨワは、文学的幻想、つまりその第一の論理がまさに不気味なものであるようなジャンルに関して、つぎのように指摘する。

幻想的小説においては、超自然的なものは宇宙の統一を破壊してあらわれる。ここでは、異常な出来事は禁止を犯して行われた攻撃なのであり、人を不安に陥れるものとなっている。これまで厳格で動かすことのできないものとみなされてきた数々の規則で守られた、世界の安定性が崩されるのである。[2]

概して、ゾンビ映画の最初の数分間は、後にゾンビによる侵略が起こるところの自然主義的な

（1）Sigmund Freud, *Inquiétante étrangeté et autres essais*, Paris, Gallimard, 1988, p. 260〔ジークムント・フロイト「不気味なもの」藤野寛訳『フロイト全集一七』、岩波書店、二〇〇六年所収、四九頁〕.
（2）Roger Caillois, « Introduction à l'*Anthologie du fantastique* », in *Œuvres*, Paris, Gallimard, 2008, p. 679〔ロジェ・カイヨワ『イメージと人間——想像の役割と可能性についての試論』塚崎幹夫訳、思索社、一九七八年、一〇頁〕.

世界を生き生きと描写することに費やされる。『バイオハザード』や『二八日後…』といった映画、さらには『ウォーキング・デッド』シリーズを思い浮かべてみれば、それらは登場人物が病院のベッドで目を覚ますところからはじまる。また、ほかの映画を思い浮かべてみても、物語はアメリカの閑静な郊外、気が滅入るほど正常で退屈な郊外からはじまる。さらに一般的なところでは、主人公たちの顔は正常さの印象をいっそう強めるだろうし――ほほえみを浮かべてくつろいだ様子の主役はたいてい、われわれを彼と同じ精神状態にする――、不気味なものへの多かれ少なかれ不意の横滑りを際立たせる場となるだろう。ほほえみを浮かべた顔が、やがてひきつりを起こし、驚きや疑い、さらには恐怖を表現するようになるのだ。もっとも、『バイオハザード』シリーズにおけるミラ・ジョヴォヴィッチの顔は、この目的のために過度に開発されることになるのだが。

類似

不気味なものが存在するのは、まず類似が作用しているからにほかならない。つまり、近接性こそが居心地の悪さを、それから漠とした恐怖を生み出すのである。同一性というのが、安心させ、それから退屈させるものであるとしたら、不気味なものは、この感情と最も近似していながら、ごくわずかな差異を明るみに出すことによって、あらゆる正反対の効果を生み出す。さらにイェンチュ——あいにくフロイトは、彼とは一線を画するものの——は、つぎのことを強調している。

物語によってそれとなく不気味な効果を生み出す最も確実な技巧の一つは、自分が眼前にしている特定の作中人物が人間なのか、それともひょっとして自動人形なのか、読者が確信を持てないようにしておくというやり方に基づいている。しかもその際、この不確かさが直接読者の注目の的にならないようにせねばならない。すぐに事態を調べ明らかにしようなどという気に読者がなってはならない。そんなことでは、先述のように、独特の感情効果はあっさり消え失せてしまうからだ。(3)

「この不確かさが直接読者の注目の的にならない」という箇所は、『ナイト・オブ・ザ・リビングデッド』の最初のシーン、目に見える世界の埒外をゾンビがさまようシーンへと直接送り返されるように思われる。

フロイトは、不気味なものの原因について考えるために、ある論点転換を行うだろう。彼は、

(3) Sigmund Freud, *Inquiétante étrangeté*, *op. cit.*, p. 224〔ジークムント・フロイト「不気味なもの」、前掲書、一七頁〕.

イェンチュのように、原因を「あるものが生きているか生命がないかについての知的不確かさの念」(4)のうちに見出すのではなく、より広く、分身の形象のうちに見出すのである。こうしてフロイトは、類似を二重化へと打ちつけることになる。この選択によってフロイトは、不気味なものを語義的な多様性のなかで変化させ、この感情のさまざまな形を示すことができるようになるだろう。

たとえば、外見がそっくりであるために同一人物と見なされてしまう人々の登場であったり、この事情がエスカレートして、それらの人物のうちの一人から他の一人へと心のなかの出来事が飛び移り——われわれなら、テレパシーと呼ぶ事態だ——その結果、一方が他方の知識・感情・体験を共有するにいたることであったり、異なる人物と同一化した結果、みずからの自我に混乱をきたしたり、あるいは自分の自我を他人の自我で置き換えてしまうこと、つまり自我の二重化、自我の分割、自我の交換であったり、最後に、等しきものの絶えざる回帰、同じ容貌・性格・運命・犯罪行為、いや同じ名前まで何世代にもわたって連続して反復されるという事態であったりする(5)。

だがフロイトは、こうした多様性を強調し、またイェンチュの立場から距離を置くことによって、不気味な感情を考えるにあたって最も有効な説明の一つを放棄してしまう。もっとも、フロイトがイェンチュの立場を拒絶するのは、記述の不正確さゆえではなく、イェンチュの立場が幼児期決定論に基づいていないからであるのだが(6)。

もちろん、「分身」の論理はゾンビのいくつかの特徴を明らかにするものである。たとえば、人間を擬態する能力や、ゾンビに向けられる眼差しをしばしば特徴づける思い違いといったものを。とはいえ、フロイトの拒絶においては、不気味なものから「知的不確かさの念」が消滅している。それは残念なことである。というのも、この不確かさの念は実りが多く、分析的にもより正確なものだったからである。それによって、「分身」という考え方を反復や同の論理――テレパシーにおける思考の一致、自我の分身、数字や名前における同じものの反復など――ではなく、

---

(4) *Ibid.*, p. 234〔同書、二二六頁〕.

(5) *Ibid.*, p. 236〔同書、二二七頁〕.

(6) 実際、その拒絶には曖昧なところが残る。「イェンチュのこの論述によって完全に納得させられたわけではないが、われわれとしては、彼を受け継いでみずからの探究を始めることにしたい。というのも、続いて彼は、不気味な効果を生み出すことにかけては余人の追随を許さない一人の作家にわれわれの注意を促しているからである」(*ibid.*, p. 224〔同書、二一七頁〕)。

(7) 本テクストにおいてフロイトは、反復というものが、ドゥルーズがいみじくも強調していたように、反復それ自体の力、つまり原動力となる差異との釣り合いのなかではじめて存在するものである、ということを忘れてしまっていたように思われる。「同一性は最初のものではないということ、同一性はなるほど原理と

恐怖を生ぜしめる欠如や差異(7)に基づいて思考することが可能になったのであった。分身が不安にさせるものである――クローンはそれをよく示している――のは、たとえそれがオリジナルに近接しているように見えても、なおためらいが、危惧が残るからである。すなわち、類似がいつか砕け散り、背後から怪物的なものやおそろしげなものがあらわれるのではないか、という危惧が。ゾンビは等しきものの回帰を示しているが、この等しきものは、根本的に、また危険なまでに異なったものであるのだ。

　恐怖のただなかにおいてさえ、すなわち、ひとたびカメラが、その腐敗し、ねじ曲がって、いやしい身体を詳細に描き出したとしても、ゾンビの不気味な効果は永続しうるだろう。ゾンビがはじめて登場したときに提起した問いは、いまだ解決されていない。ゾンビは人間なのだろうか。どのような点においてゾンビと人間は区別され、またこの違いをどのように考えればよいのか。

　イェンチュの考え、つまり彼がゾンビと人間を区別する「ほとんど無」を強調することは、この怪物の非常に重要な側面を明らかにする。ゾンビを真に不気味なクリーチャーにしているのは、それが死んでいる、あるいはほとんど死んだものである、という事実ではないのだ。もしそれが、まだ十分かつ完全な人間の死体にすぎなければ、われわれが直面するのは、たいていは愉快な驚きを与える、しかし結局のところほとんど不気味ではない奇妙さだけである。ゾンビがわれわれを気がかりにさせ不安にさせるのは、その意識の沈黙になにが取り憑いているのか、精神の廃墟になにが残っているのか、われわれに正確にはわからないからにほかならない。ではここで、ゾンビの思考に近づいてみることにしよう。

ゾンビの内的世界

動物が正確にはわれわれと同じ世界に生きていないことは、ヤーコプ・フォン・ユクスキュル以降、周知の事実である。ひょっとしたら、各々が別々の世界に生きている、ということさえありうる。ハエの知覚と猿の知覚にはなんの関係もなく、魚の知覚と鳥の知覚にはなんの共通点もないのだ。もし各々の「生物が、それ自身が中心をなす独自の世界に生きる一つの主体である」(8)としたら、各々の種のあいだで行動や知覚の能力に隔たりがあることは、それらが同じ世界に生

して存在するが、ただし二次的な原理として、生成した原理として存在するということ、要するに同一性は〈異なるもの〉の回りをまわっているということ、これこそが、差異にそれ本来の概念の可能性を開いてやるコペルニクス的転回の本性なのであって、この転回からすれば、差異は、あらかじめ同一的なものとして定立された概念一般の支配下にとどまっているわけがないのである」(Gilles Deleuze, *Différence et répétition*, Paris, Puf, 1968, p. 59〔ジル・ドゥルーズ『差異と反復　上』財津理訳、河出書房新社、二〇〇七年、一二一〜一二二頁〕)。この点において、差異と反復をめぐる――あらゆる反復における差異をめぐる――ドゥルーズの思考は、ゾンビをつき動かすところのほの暗い力を正確に分析するための道具を提供してくれる（後述を参照のこと）。

(8) Jacob von Uexküll, *Mondes animaux et monde humain*, Paris, Denoël, 1956, p. 17〔ヤーコプ・フォン・ユクスキュル『生物から見た世界』日高敏隆・羽田節子訳、岩波書店、二〇〇五年、一三頁〕.

きていないということをまさに意味している。フォン・ユクスキュルの思考を説明しつつ、ジョルジョ・アガンベンはそれをつぎのようにまとめている。

昼間、われわれのそばを飛んでいる姿を見かけたりするミツバチ、トンボ、ハエなどは、われわれがそれを観察しているのと同じ世界で活動してはいないし、われわれとは——あるいは、それらの昆虫のあいだですら——同一の時間と空間を共有してはいないのである。(9)

フォン・ユクスキュルの偉大な読者であったジル・ドゥルーズは、マダニの現実把握を想起させている。スピノザの語彙を用いながら彼が指摘するのは、世界のあらゆる多様性に関して、マダニはなにも聞かず見ず、ただ三つの仕方で現実から影響を受けるだけだということである。

［フォン・ユクスキュルは］この動物を、獣を三つの情動によって定義するでしょう。それは彼のせいではなく、マダニには三つしか情動がないのです。ただ、それでもすでに多いのであって、われわれのなかには、［三つほどの］情動を持たない者もたくさんいます。さて、三つの情動ですが、一つ目は光の情動です。小枝の上のほうにのぼってゆくためのものです。二つ目はにおいの情動です。枝の下を通過する哺乳類の上に落下するためのものです。三つ目は熱量の情動です。哺乳類のうちで、体毛のない部位、より温度の高い部位、つまり奥深くまで入り込

んで血を得ることができる部位を探すためのものです。マダニは、あらゆるところから刺激や誘惑が絶えず送られてくる広大な森に身を浸す一方で、その世界には三つの情動しかありません。そして、三つの事柄に関するのでない限り、マダニはあらゆるものに対して閉ざされており、なにも聞かず見ず、情動を持つこともないのです。残りの時間は、なにも食べず、眠っています。(10)

こうして、マダニの「情動能力」(スピノザ)に言及しつつドゥルーズが示すのは、さまざまな種は同じ世界で進化するわけではないということであり、とりわけ、それらの世界は、同じ複雑さも、同じ繊細さも、同じ組成も有していない、ということである。

フォン・ユクスキュルがわれわれに授ける解釈の鍵は貴重なものである。それによってわれわれは、たとえゾンビがわれわれに似ているとしても、それは――それもまた――われわれと同じ世界に生きているわけではない、ということを理解することができる。彼らの目は同じ世界を見ていないし、同じ刺激に反応するわけでもないのだ。対話ができない以上、その現象学を――最低限でも――理解するためにわれわれに残されていない

(9) Georgio Agamben, *L'Ouvert. De l'homme et de l'animal*, Paris, Payot-Rivages, 2006, p. 67〔ジョルジョ・アガンベン『開かれ――人間と動物』岡田温司・多賀健太郎訳、平凡社、二〇〇四年、六四頁〕.

(10) ジル・ドゥルーズ『スピノザの倫理学における情動の働き』、一九七八年のセミネール。

るのは、彼らの身振りや「情動能力」だけである。彼らの情動のうちには、生きている人間のほうへと向かい、ついで人間の身体の一部を口に運んで貪り食う能力がある。その身振りの単純さは、ゾンビが引き起こしうる恐怖に与っている。ゾンビをつき動かすのは、純化された、しかし粗暴な仕組みであって、彼らの手中に落ちた場合なにがわれわれを待ち受けているのかは、あらかじめ知られている。

　ゾンビにしろマダニにしろ、二つのリズムがそれをつき動かしている。まず、獲物がマダニの近くを通り過ぎるときの、ゾンビが人間と出会ってそれを食べようとするときの行動のリズムがある。また、近くに新鮮な肉がないときの待機のリズムがある。マダニであれば絶食し、ゾンビであれば実存的倦怠に沈んでいるように見えるときのリズムである。この待機のゾンビ、不気味なもののゾンビは、情動を欠いているように見える。単純な機械仕掛けはから回りし、往時の情動の遺物のごとく、かつての生の身振りをばかみたいに繰り返すことさえ見られるだろう。レストランの床を磨き続ける掃除夫もいれば、調子の狂った操り人形のように、ぎこちなく、グロテスクにルーチンの一部を繰り返す踊り子もいる。意識は奪われたようでも、身振りの記憶のようなものが、ゾンビの荒廃した脳のなかには残存しているように思われるのだ。このときのゾンビは、ほとんどあわれみを誘うほどであり、その不幸は十分悲劇的である。人はあやうくゾンビを慰めたくなるだろう。

　身振りの記憶が再表面化するように見えるこうした空虚な瞬間にゾンビが共感を引き起こしう

るのは、そのとき、生ける屍が、怪物というよりもむしろトラウマを負った者を想起させるからかもしれない。ゾンビは、寒さ、苦痛、病気、アルコールといったものによって呆けてしまった浮浪者や、あるいは、見る影もなく荒ませるようなおそろしい惨劇によって即座に打ちのめされた人々に似ている。周知の通り、不可視の傷というのは、しばしば最も深いものである。ゾンビがわれわれをほろりとさせるのは、そのことを思い出させるからなのだ。

近年の西洋においては、ある出来事によって打ちひしがれた個人や打ちのめされた人々のパラダイムは、九・一一の生存者という形象に見出される。ドン・デリーロは、主著『堕ちてゆく男』のなかで、二つのタワーの倒壊を生き延びた人々に見られる情動の減少や身振りの機械化について報告している。

> もはや街路ではなかった。世界だ。落ちてくる灰で夜のように暗くなった時空間の世界。彼は瓦礫と泥のなかを北に向かって歩いていた。タオルで顔を押さえたり、ジャケットを頭にかぶったりした人々が、走って彼を追い越していった。ハンカチを口に押しつけている人々もいた。手に靴を持っている者も。［……］彼はスーツを着て、ブリーフケースを抱えていた。髪も顔にもガラス片が刺さっている。血と光で大理石模様になった頭。［……］何者かが食堂から出てきて、彼にボトルの水を手渡そうとした。埃よけのマスクをして、野球帽をかぶった女だった。彼女はボトルを引っ込めると、キャップを外し、もう一度彼に向かって差し出した。

彼はブリーフケースを下に置いて、ボトルを受け取った――自分が左手を使っていないことをほとんど意識もせず。ボトルを受け取るには、ブリーフケースを下ろさなければならなかったのだ。三台のパトカーがサイレンを鳴らし、このストリートに曲がってきて、ダウンタウンに向かって走り去った。彼は目を閉じて水を飲んだ。水が体内を通り過ぎ、埃と煤も一緒に降りていくのを感じた。女は彼を見つめていた。なにか言ったが、彼には聞こえなかった。彼はボトルを返し、ブリーフケースを持ち上げた。水をゴクリゴクリと飲んだときの血の味が口に残っていた。(11)

この生存者は、知性が残っていて落ち着いたヴァージョンのゾンビに見える。彼はたいへん傷ついているため、どの登場人物にも飛びかかることはまずないだろうと思われる。要するに、あらゆる意志を放棄したのであって、情動能力としての攻撃性も消え去ったわけである。

不気味なもののゾンビは、現代の西洋における中心的なパラダイム、つまり惨劇に見舞われた個人というパラダイムの変化形となっている。惨劇が二一世紀のはじまりを画する重大なカタストロフの一つ（九・一一、津波、ハリケーンなど）であれ、あるいは事故や個人的な危機（自動車事故、ドラッグ、外傷性脳損傷など）であれ、そこで主体は、自己自身を欠いた生者という形でゾンビになる。惨劇の影響が一時的なものであれ永続的なものであれ、意識は痛めつけられ、脆弱化させられる。大きすぎるショックは、われわれを人間として定義づけるもの、つまりわれわれの思考能力をぐらつかせるだろう。
カトリーヌ・マラブーは、著書『新たなる傷つきし者』[12]のなかで、アルツハイマー病を患った祖母についてつぎのように指摘している。

以前よりやや小さくなった人物が、以前より弱くなり、衰弱し、体調を崩したが前と変わらぬ女性がわたしの前にいた、ということではなかった。そうではなく、わたしという相手が誰かわからず、おそらくは自身に出会ったことがないがゆえに自分が誰なのかもわからない、見知らぬ人がいたのだった。見なれた髪の輝き、聞きなれた声、青い瞳の向こうに、間違いなく別の誰かがいるという、存在にかかわる衝撃的な現象が顔を覗かせていた。[13]

後にわかるだろうが、マラブーにとって、この「別の誰か」は、ユニークでポジティブな個性

(11) Don DeLillo, *L'Homme qui tombe*, Paris, Actes Sud, 2008, p. 9-11〔ドン・デリーロ『堕ちてゆく男』上岡伸雄訳、新潮社、二〇〇九年、七～九頁〕.
(12) Catherine Malabou, *Les Nouveaux blessés. De Freud à la neurologie, penser les traumatismes contemporains*, Paris, Bayard, 2007〔カトリーヌ・マラブー『新たなる傷つきし者——フロイトから神経学へ、現代の心的外傷を考える』平野徹訳、河出書房新社、二〇一六年〕.
(13) *Ibid.*, p. 11〔同書、八頁〕.

によってというよりも、情動の平滑化によって、つまり無感覚、感覚の無能力によってしるしづけられる。感情も意図も持たない、最小限まで縮減された主体ということである。

したがって、どのような種類であれ、脳のダメージからもたらされるものは、認知能力の損傷だけではなく、つねに情動能力の損傷でもある。すなわち、情動的ないしリビドー的欠損、習慣の切断、生の対応力の悲劇的喪失がもたらされるのである(14)。

ここから、あらゆるものから隔たっていると同時に錯乱しているように見える、驚くべき主体があらわれる。かくしてゾンビは、この倦怠のときに、なるほど稀で悲劇的な状況、しかし人間にも起こりうる状況を想起させることによって、われわれを不安にするだろう。

近代性の心的外傷

それゆえゾンビとは、例外的な形象ということになる。しかし、それは確かだろうか。われわれの思考能力のこうした喪失は、つねになんらかの事故の結果と決まっているのだろうか。つねに稀で取り返しのつかないものなのだろうか。われわれの社会をもう少し注意深く眺めてみれば、「トラウマを負った者」が体現しているように思われるのは、事故に遭った者だけでなく、近代性の犠牲者や、その成果にかかる酷薄な論理の犠牲者の数々でもあることに気づく。そのとき心的外傷は、特異で偶発的な出来事ではなく、西洋のリズムそれ自体が引き起こす、人格の漸進的な腐食と考えるべきであろう。ゾンビとは、ある例外についてのイメージではなく、現代のわれわれの状況の一面についてのイメージ、すなわち、われわれの大部分が、随時同一化することができる一面についてのイメージであるだろう。それゆえ、ブリーフケースを抱えてぼろぼろのスーツを着たゾンビは、アルツハイマー病によって脳にダメージを受けた者というよりも、もっとシンプルに、またもっと困惑させる仕方で、疲弊しきってうつろなサラリーマン――ハードな、狂乱の、疲労困憊の一日を終えて仕事から帰るサラリーマン――を想起させるのである。このゾンビが思い起こさせるのは、あらゆるものに目をふさいだ個人、隣人にも世界の美しさにも目をふさいだ個人である。このような状況について考えるために、ここでもまたフロイトが、われわれにとってある助けとなりうる。

フロイトは心的外傷を、ある出来事が心《プシュケ》に不法侵入することと定義した。また、彼の考えでは意識とは、さまざまな刺激からの防御という重要な機能を持つものである。人間はあらゆる物事に対して反応するわけではなく、実際には、思考や身振りのある一貫性やまとまりを保つために、世界の刺激のかなりの部分を無視しているのだ。フロイトはつぎのように雄弁に語っている。

(14) *Ibid.*, p. 27〔同書、二五頁〕.

「生きた有機体にとっては、刺激保護がほとんど刺激受容以上に重要な課題である」(15)。無意識は、意識を横切る方法を――反復によるのであれ力ずくであれ――なんらかの仕方で見出したもののみからなる。意識は、内面の平衡を保つために、壁あるいはフィルターとして働く。この壁を乗り越えるショックは心《プシュケ》に傷跡を残すだろう。フロイトが言及する、戦争でトラウマを負った者というのはおそらく、こうした考えをエピナル版画風に表現した形象である。彼は、あまりにも大きな、あまりにも強い波にのまれて砕け散ってしまったのであって、つまりその心《プシュケ》が「刺激保護の破綻」(16)をこうむったのである。こうした暴力によって、精神がひょっとすると永久に打ち砕かれることで、世界から影響を受ける能力が大部分切断されることで、トラウマを負った主体はいまや、外的世界に対して広く無感覚になってしまったことがわかる。主体性の溶解と新たな経験の感覚不能とは、フロイトにおいては対をなしているのである。

「ボードレールにおけるいくつかのモティーフについて」においてヴァルター・ベンヤミンは、フロイトの論理を、近代性のショックについて考えるためのより一般的なモデルとした。たとえテロや戦争といった暴力行為を伴わないとしても、近代性は、フロイトの心的外傷の作用にも似たショックの連続を主体に課す。これは主体性を動揺させ、次第に世界や新たな経験に対して無感覚にする。世界のリズムと絶えずぶつかることによって、主体がそれに慣れてしまったのだろう。「意識がショックを容易に受けとめられるようになればなるほど、このショックがトラウマの作用を及ぼすおそれは少なくなるのである」(17)。

これは重大な帰結をもたらすことになる。意識の壁を次第に高くすることによって、心的外傷が記憶までいたることは少なくなるだろうが、同時に、経験もまた記憶までいたることが少なくなるのである。われわれは、より忍耐強くなるがより貧しくなる。より丈夫になるがより空虚になる。

［……］個々の印象に占めるショック要素の割合が大きくなればなるほど、そして刺激防御のために意識が不断に動員されざるをえなくなればなるほど、さらに意識の活動が成功を収めれば収めるほど、印象が経験のなかに入ることは少なくなる［……］(18)。

近代性のショックは、一夜にしてゾンビを生み出すことはないだろう。とはいえ、近代性の中心には、ドゥルーズの言葉遣いをまねるならば、ゾ、ン、ビ、へ、の生成変化のようなものが存在する。

(15) Sigmund Freud, « Au-delà du principe de plaisir », *Essais de psychanalyse*, Paris, Payot, 2001, p. 75〔ジークムント・フロイト「快原理の彼岸」須藤訓任訳『フロイト全集一七』、前掲書所収、七九頁〕.
(16) *Ibid.*, p. 83〔同書、八三頁〕.
(17) Walter Benjamin, « Sur quelques thèmes baudelairiens », *Œuvres III*, Paris, Gallimard, 2000, p. 338〔ヴァルター・ベンヤミン「ボードレールにおけるいくつかのモティーフについて」久保哲司訳『ベンヤミン・コレクション一――近代の意味』、筑摩書房、一九九五年所収、四二七頁〕.
(18) *Ibid.*, p. 341〔同書、四三〇頁〕.

主体性の平滑化と新たな経験を生きることの困難が、われわれの（ポスト）近代的《モダン》な状況の地平をしるしづけているのである。

刺激と経験を区別しつつベンヤミンが指摘するのは、なるほど近代的な都市の住民はますます多くの刺激に曝されるようになったが、しかしその刺激は、彼らの経験をより豊かにすることはなく、むしろより貧しくしている、ということである。こうした印象が、二〇世紀を通じて強まったことは認めざるをえない。一九七〇年代の終わりに、ジョルジョ・アガンベンはベンヤミンの思考をつぎのように説明するだろう。

現代人の一日は、なおも経験に翻訳しうるようなものを、もはやほとんどなにも含んでいない。途方もなく遠方から届く情報でいっぱいになった新聞を読むことだってそうだし、交通渋滞に巻き込まれて車を停止させながら過ごす何分間だってそうである。地下鉄の車両のなかに供えられている供物に想いを馳せてみることにしてもそうだし、道路を突然封鎖するデモにしてもそうである。官庁街をゆっくりと腐蝕していく催涙ガスの霧にしたってそうだし、どこでだかわからないが突然炸裂するピストルの弾丸の音ですらそうである。銀行かなにかの役所の窓口に行列したり、スーパーマーケットという夢の国を訪れることにしてもそうだし、エレベーターやバスのなかで見知らぬ人たちと押し黙ったまま、永遠のひと時をともにしていることにしてもそうである。現代人は、一日のうちで、種々雑多な出来事——気晴らしになる出来事や煩わしい出来事、めったにない出来事やありふれた出来事、辛い出来事や愉しい出来事――に出会い、くたくたになって夕方家に戻る。しかし、それらのうち、経験になるものは一つとしてないのだ。(19)

アガンベンにとって馴染みらしい街は、「催涙ガスの霧」や「炸裂するピストルの弾丸の音」を伴った、とりわけ不穏な――という言葉では足りないほどの――ものである。とはいえ実質的には、イタリアの哲学者は現代のわれわれの経験を完全に描写している。われわれはつねに世界から誘惑されているが、しかしその誘惑は、われわれからわれわれ自身を奪い去るものである。(20)もちろんそれは、ゆるやかなプロセス、不確かなプロセスである。要するに、われわれはゾンビではないが、しかしこうした意識の鈍化と経験を生きることの困難は、まさに現代を特徴づけるものであるのだ。(21)

---

(19) Giorgio Agamben, *Enfance et histoire. Sur la destruction de l'expérience* (1978), Paris, Payot-Rivages, 2002, p. 24-25〔ジョルジョ・アガンベン『幼児期と歴史――経験の破壊と歴史の起源』上村忠男訳、岩波書店、二〇〇七年、二〇頁〕.

(20) 経験をめぐるこうした問いや、ジョルジュ・ディディ゠ユベルマンとジョルジョ・アガンベンのあいだの論議については、以下を参照のこと。Maxime Coulombe, « Épiphanie et modernité : note sur le pessimisme », dans *Lucidité : vues de l'intérieur*, Mois de la photo de Montréal, Montréal, 2011.

(21) マラブーもまた、生物学的外傷（病気、脳損傷）と社会的・政治的外傷の近接性に言及し、つぎのよう

ワニスの下には怪物が

ゾンビと意識のない人間とのあいだのこうした照応については、部分的なものだと言われるかもしれない。それは、ゾンビが退屈していたり目的もなくさまよっているように見えるときにのみ、活力を欠いた、無気力なゾンビがぼうっとしているように見えるときにのみ基づくものである、と。また確かに、トラウマを負った人間や――ベンヤミンの語彙を用いれば――「ショックを受けた」人間には、ゾンビがその視野に人間を認める際にふるうような暴力は、とても行使不可能である。

それにもかかわらず、ゾンビの攻撃性と暴力は、われわれが人間の意識の破損について考える際に現代をさいなむもう一つの不安を明らかにしている。ゾンビが、トラウマを負った主体や緊張病《カタトニー》の主体のメタファーであるとしても、それはまた――ほとんど矛盾するような仕方で(22)――、西洋においてこの上なく普及したある仮説の化身《アバター》ともなっている。その仮説とは、われわれの文明というワニスの下には、血に飢えた獣の心臓が脈打っている、というものである。ワニスを削り取れば、閂《かんぬき》を溶かしてしまえば、われわれは、われわれの奥深くに、われわれの真の存在であるところの怪物を目にすることになるだろう。

ゾンビの行動について説明する際の口ごもりは、つねに同じ比喩のまわりを回っている。その比喩とは、ゾンビの脳は死んでいるようだ、ただしいくつかの神経回路を除いて、というものである。つまり、脳のわずかな部分、最も古くからある、最も原始的な部分、欲動を司る部分は生き残っているのだ。視床下部である。ゾンビ映画の神経学的なドクサを註釈するブラッドリー・ヴォイテックは、つぎのように指摘している。

人間において、脊髄の先端にある脳幹は、生命の核となる機能、つまり呼吸や心拍を司っている。しかし、ゾンビには呼吸も心拍もないために、ゾンビの存在の核となる機能は、欲求を統御する脳の部分によって統御されている。視床下部である。もしゾンビの両目のちょうどあいだの部分を十分な力で打てば、この視床下部へとまっすぐ水平に戻ることができるだろう。(23)

に指摘している。「虐待、戦争、テロ、抑留、性的虐待といった体験を持った外傷被害者の振る舞いは、脳損傷者の振る舞いと驚くほど似かよった特徴を示している。これらの心的外傷を「社会・政治的外傷」と名づけることもできる。この包括的呼称のもとに強烈な相互作用的暴力が引き起こす、あらゆる障碍を理解すべきなのだ。器質的外傷と社会・政治的外傷を分かつ境界線の輪郭は、現在、いっそうぼやけてきている」(Catherine Malabou, *Les Nouveaux blessés, op. cit.*, p. 37〔カトリーヌ・マラブー『新たなる傷つきし者』、前掲書、三四頁〕、傍点は引用者による)。

(22) そもそもこうした矛盾は、ゾンビが無気力な状態からおそろしく攻撃的な状態へと一挙に移行するところにあらわれている。

(23) これらの問題については、ブラッドリー・ヴォイテックの研究を参照のこと。

暴力、愚鈍化、カニバリズムといったゾンビの行動は、脳が最も単純な器官へと縮減されているためであるらしい。これら神経学的な、また似非科学的な説明のなかで明らかになるのは、人間の心《プシュケ》についての不気味かつ啓示的な考え方である。人間の脳の奥深くには、おそろしく攻撃的な欲動が、原初的な暴力が宿っていて、文明はそれを檻に入れて隠している、というわけである。

ゾンビ映画が毎度語るのは、意識を、そして文明というわれわれのワニスを溶かしてしまう伝染病の話である。こうしてこれらの映画は、人間の心《プシュケ》についてのシニカルで陰鬱な考えを見させるが、それは映画が考案したものではない。ゾンビは、自然状態への回帰のある種の形式を想起させるのである。

自然状態とは幻想的・神話的な状態であり、哲学上の策略である。その目的は、規則、社会的慣習、法といったものが廃止されたときに人間がどう行動するのか想像することにある。(24) 自然状態に関する理論家のうちおそらく最も有名なトマス・ホッブズは、いかなる力も法もなく、またわれわれの関係を組織する「社会契約」もない場合、われわれは万人の万人に対する戦いの状態に陥るだろうと主張する。世界は脅威でしかなく、「人間」は——有名になった表現によれば——「人間にとっての狼」となるだろう(*homo homini lupus*)。こうした状態にあって人間を支配するのは、ホッブズがコナトゥスと呼ぶところの自己保存への意志のみである。

ホッブズや自然状態に関する他の理論家たちにおいて、この状況に対応するのは、なんらかの歴史的な状態ではなくまさに理論的な仮説であったのだが、現代のメディアはこうしたニュアンスを忘れてしまったように思われる。メディアは自然状態を、現代の暴力を読み解く鍵とか、その消失点とみなしているのだ。三面記事にあてられる紙面が大きくなるのに伴い、新聞のトーンそのものが、暴力への病的な魅惑を絶えず前提とするようになる。暴力は、われわれの社会的慣習の下を這っていて、象徴的な枠組みやわれわれの人間性のワニスが薄くなるのにつれて芽を出すようになる、というのだ。

一人の主体が自然状態に回帰するだけで、ドミノ倒しのように、この者と接触するすべての者たちの構造とバランスがおびやかされる。われわれの隣人の暴力は、それをとめるためには彼自身が暴力的になる必要がある。ひとたび意味と理解の論理から外れたら、気のふれた隣人をとめるには、戻ってこられなくなるおそれはあっても、彼自身の攻撃性を表出させる必要があるのだ。

攻撃的で伝染性のゾンビは、蔓延という暴力の驚くべき特性を可視化するものである。あたか

---

(24) このことをジョルジョ・アガンベンは、記憶にとどめておくべき見事な表現でもって述べている。「まずは自然的生物学的な与件としての生と自然状態としてのアノミーが存在しており、そのあとで例外状態を通じて両者が法のうちに包含されるということではないのである。それとは逆に、生と法、アノミーとノモスを区別する可能性それ自体が、生政治的な機械のうちでの両者の節合と同時に生じるのである。剝き出しの生は、その機械の産物であって、その機械に先立って存在するなにものかではない［……］」（Giorgio Agamben, *État d'exception. Homo sacer II*, t. I, Paris, Seuil, 2003, p. 147〔ジョルジョ・アガンベン『例外状態』上村忠男・中村勝己訳、未來社、二〇〇七年、一七七頁〕）。

もゾンビとは、動物性への長い落下の果てに人間を待ち受けるものであるかのようである。オリヴィエ・モンジャンは、映画における暴力に関する著作のなかでこのことを強調している。

社会的な団結を組織し、諸個人が個人的な暴力を集合的なエネルギーに変えることを可能にしてきた連帯は消滅してしまった。暴力は反転したのだ。それは、構造化するものから脱構造化するものになり、構築的なものから破壊的なものになった。暴力は、いまや避けがたいものであると考えられる危険がある。(25)

いまわれわれが知っている唯一の暴力、映画やメディアが倦むことなく反芻する暴力は、破壊的な暴力である。それは、ひとたび人間に及ぶや、そこに永久に傷跡を残し、果てしない渦のなかに人間を引きずり込む。(26)

＊＊＊

ゾンビは、われわれの社会における意識の状態にひそかに問いかける。ゾンビとは、カタストロフや近代世界のリズムによって打ちのめされた主体に最も近しいものであり、また、われわれが、われわれの文明を脆弱化させることによって自然状態へと回帰するのではないか、というおそれをあらわすものである。要するにゾンビが明らかにするのは、ある境界、厄介な境界の存在であり、われわれにとってゾンビとは、そこを越えたらもはや人間ではないという閾であるのだ。

聖なる人間《ホモ・サケル》

ここで、すでに展開してきた分析のうちのいくつかをあらためて組み合わせるとすれば、ホモ・サケルという概念が大いに役立つ。この概念は、そこから先は人間性の外部に転落する可能性があるような境界について理解するために使えるのだ。古代ギリシアにおいて、「聖なる人間《ホモ・サケル》」とは不可触民《パーリア》を指していた。不可触民《パーリア》とは、罪や堕落ゆえに神への生け贄にささげることはできないが、殺しても罪にならないようなものである。この文脈において、「聖なるもの」の意味はそもそもの原初的な意味、つまりタブーという意味へと送り返される。フェストゥスはこのことをつぎのように指摘している。

しかし、聖なる人間《ホモ・サケル》とは、邪《よこしま》であると人民が判定した者のことである。その者を生け贄にすることは合法ではない。だが、この者を殺害する者が殺人罪に問われることはない。最初の

(25) Olivier Mongin, *La Violence des images, ou comment s'en débarrasser*, Paris, Seuil, 1997, p. 48.
(26) 本書の「アポカリプス」の章も参照のこと。

護民法には、「平民決議によって聖なるものとされた者を誰かが殺害しても、それは殺人罪ではない」とある。悪い人や不純な人がホモ・サケルと呼ばれるのはそのためである(27)。

このような身分について説明するためにジョルジョ・アガンベン――この形象についての近年の研究の立役者(28)――が想起させるのは、ギリシア人が人間の生を描写するために二つの用語に頼っていた、ということである。ゾーエー、つまり「剝き出しの生」が「生きているすべての存在に共通の、生きている、というたんなる事実」に由来するものである一方で、ビオスは「それぞれの個体や集団に特有の生きる形式、生き方(29)」を描写するものである。ゾーエーが、動物的、身体的な状態の生へと送り返されるとすれば、ビオスのほうは、政治的な生、都市における政治的な生に由来する、というわけである。

古代世界にとってゾーエーとは、都市から排除され、「純然たる再生産の生として、家《オイコス》の領域にしっかり閉じ込められた(30)」ままの存在である。そこで問題となっているのは、ギリシアの政治哲学にとっての真に構造的な区別である。というのも、ギリシアの政治哲学において賭け金となっているのは、ただ生きることではなく、「政治的な資格をそなえた生」を送ることであるからだ。「西洋の政治においては、剝き出しの生は、それを排除することによって人間たちの都市が創設されるところのものである、という奇異な特権を持っている(31)」。こう強調することによってアガンベンは、政治的な生にとっては、人間の動物的な部分から距離をとることが、あるいはより正確には、その部分の浄化が必要だということを思い起こさせるのである。

ゾーエーが、その上にビオスが打ち立てられうる土台であるとするなら、ホモ・サケルとはまさに、ビオスを失った主体である。こうして人間の特性が失われる以上、ホモ・サケルは新しいカテゴリー、すなわち価値を持たない生、あるいはいわゆる「生きるに値しない」生というカテゴリーに入る。アガンベンはつぎのように指摘している。

われわれの観点からより興味深いのは、生きている人間が自分自身の生に対して行使する主権に対して、ある境界線がただちに固定されるということである。その境界線を越えると生は法的価値を失い、殺人罪を構成せずに殺害されるようになる。[32]

(27) 以下に引かれているフェストゥスの言葉より。Giorgio Agamben, *Homo Sacer. Le pouvoir souverain et la vie nue*, Paris, Seuil, 1997, p. 81〔ジョルジョ・アガンベン『ホモ・サケル——主権権力と剝き出しの生』高桑和巳訳、以文社、二〇〇七年、一〇三～一〇四頁〕.

(28) ジョルジョ・アガンベンは、この形象を現代のわれわれの条件のパラダイムにしさえする（とりわけ、同書、一五八～一六二頁ほかを参照のこと）。

(29) *Ibid.*, p. 9〔同書、七頁〕.

(30) *Ibid.*, p. 10〔同書、八頁〕.

(31) *Ibid.*, p. 15〔同書、一五頁〕.

(32) *Ibid.*, p. 150〔同書、一九二頁〕.

ギリシア人が定義しえたホモ・サケルと比較することによって、ゾンビというモチーフの特性やゾンビ映画の道徳的特性、またゾーエーとビオスという概念のわれわれ自身の（ポスト）近代的《モダン》な定義――われわれ自身の手になる翻案――の特性について推しはかることが可能となる。まずゾンビは、意識を失うことによって、ビオスのあらゆる形式を、したがって人間の身分を決定的に失った。この点でそれは、アガンベンを通じてわれわれが理解しうるギリシアのホモ・サケルの形象にかなり近しい。ゾンビを殺すことは法的にとがめられるべきではなく、また、その存在は生きるに値しないように思われるのである。もちろん、主観的な問題はある。映画の主人公たちは、この問題についてしばしば意見が合わない。ある者たちは、価値のない生という恐怖を免れさせるために、ゾンビになった親近者をうち殺すだろうし、他の者たちは反対に、あわれみにとらえられて、この者を準＝生〔*quasi-vie*〕のままにしておくことを選ぶだろう。

ゾンビが想像上の形象であるとしても、それに対する主人公たちの態度はしばしば、われわれ自身の文化に関する教訓に富んでいる。ここで、ゾンビに対する主人公たちの反応は、不治の植物状態にある人々――つまり、今後永遠にゾーエーでしかないだろう人々――と対面した際にわれわれがとる反応と、最も近しいところにある。というのも、現代ではあらゆる論議が、これらビオスを欠いた人々の法的な身分にかかわってくるからである。そして、ゾンビと同様、彼らもわれわれには奇妙なほど不気味に見える。つまり、われわれの状態と最も近いところにありながら、しかしそれとは重大な、決定的な、不安にさせるほどの違いを保持しているという点において。[33] ゾンビ映画のよろこびと居心地の悪さはまさに、それがこうした身分の曖昧さおよびその諸帰結を再演するところからくる。映画館にゆくことによってわれわれは、人間が、いまや生きるに値しない生の者たちを殺害するのを見にゆくことになる。ある意味では究極のストレス解消である。というのも、そこではわれわれの攻撃的で殺意に満ちた欲動が、受動的だが危険なクリーチャー、その死も拷問も――もはや――罪にならないようなクリーチャーにはけ口を見出すだろうからである。スクリーン上で毎度語られるのは、人間たちの都市から排除された存在を、怒りやフラストレーションから、おそれや嫌悪感から殺害する人間の物語である。

より一般的には、ゾーエーの概念は、われわれ西洋の文化においては、しばしば特異な暗示的意味《コノテーション》を帯びるように思われる。ゾーエーとは、「生きている、というたんなる事実」やビオスが装填する受動的な特性ではない。先に見たように、メディアやますます多くの人々にとって、われわれの文明というワニスの下には、欲動につき動かされたおそろしい怪物が潜んでいる。したがってゾーエーは、否定的な条件であるだけでなく、固有の特性を、仄暗い、暴力的な欲動

---

(33) アガンベンは、ほとんどファンタジーかホラーのような調子で、つぎのように指摘してさえいる。「ウィラード・ゲイリンは、ある優れた論文で、法的には屍骸の立場にあるが臓器移植にとっては有利な生の特徴を維持しうる身体の亡霊――彼はこれを新死体《ネオモート》と呼ぶ――に言及した。「それらは温かく、心臓は鼓動し、排尿をする」」(*Ibid*., p. 177〔同書、二二四頁〕)。

を有してもいる。文明は、この欲動を馴致し、制御しにやってくるだろう。[34]このことを明確に定式化しつつアガンベンは、ホモ・サケルと自然状態との結びつきをホッブズへと遡らせる。曰く、「[ホッブズの自然状態は]万人の万人に対する戦いであるというより、正確に言えば、誰もが他の者に対して剝き出しの生でありホモ・サケルであるという状況のことなのである」[35]。

懐疑と反人間主義

不気味なものからホモ・サケルを経てトラウマを負った者まで、これらすべてがあらわしているのは、意識の状態をめぐるある不安である。ゾンビは、グロテスクで、滑稽で、愉快な形象である一方で、人間に固有のもの――すなわち思考――の限界についての懐疑という徴候を示してもいる。こうした意識に対する懐疑や反人間主義――なるほどそれは、一九六〇年代および一九七〇年代の反人間主義的な哲学思想のなかに、すでにさまざまな形態をたどることができる[36]――は、より根本的には、意識の役割に関する社会的な懐疑を、[37]また市民であることの意味に関する

(34) こうした考えを補完するならば、ゾンビとは、いまや特性を持たないがゆえに各々が交換可能な身体にほかならず、したがって複数形でのみ語尾変化し、最も重要な問題が「生きているのか死んでいるのか」という事柄にかかわるような問いかけを絶えず引き起こすものであるが、以上のことからゾンビは、現代の政治がいまや市民をどのように考えているのかということの明瞭すぎるメタファーとなっているように思われ

る。ゾンビとは、まずミシェル・フーコーが、ついでジョルジョ・アガンベンが「生権力」と呼んだ政治的管理のメタファーとなっているのだ。フーコーによれば、一九世紀に西洋に出現したこの新たな政治的管理は、諸個人をなによりもまず身体とみなし、身体として生を管理することに配慮するものである。実際、一九世紀以降、養成し規律化することが重要であった身体としての人間から、もはや身体が個別的ではなく「集合《マッス》として」考慮されるような人間観への横滑りが起こったという。「フーコーのテーゼはしたがって、近代の政治を特徴づけているのが、ポリスにゾーエーが包含されるという、それ自体は実に古くからある事実でもなければ、たんに生そのものが国家権力の打算と予測の第一の対象となるという事実でもない、という意味では訂正されなければならない。いや、少なくとも、補足されなければならない。決定的なのはむしろ、例外がいたるところで規則になっていく過程と並行して、もともとは秩序の周縁に位置していた剝き出しの生の空間が、しだいに政治空間と一致するようになった、ということである。そこでは、排除と包含、外部と内部、ビオスとゾーエー、法権利と事実が、還元不可能な不分明地帯に入る」(*Ibid.*, p. 17〔同書、一七〜一八頁〕)。ここにはっきりとあらわれているのは、市民権を否定された人間観、というよりもむしろ、人間が、その生命を守り成育を促すべき膨大な数の家畜の一員に思われるような人間観である。

(35) *Ibid.*, p. 117〔同書、一五一頁〕.

(36) この点については、以下のたいへん見事な書物を参照のこと。Céline Lafontaine, *L'Empire cybernétique. Des machines à penser à la pensée machine*, Paris, Seuil, 2004.

(37) ついでに指摘しておけば、人間の意識についての熟考と、ゾンビと人間の区別についての熟考は、プラグマティズムの哲学に及びさえした。実際、ゾンビのモチーフは、アングロサクソンのプラグマティズム哲学において、いまやモデルや概念の役割を果たしている。この哲学的ゾンビは、人を食らう生ける屍ではない。実のところ、その行動は、ハイチや映画におけるそれとはほとんど関係がないのである。これは、ある奇妙な仮説、もしかすると哲学というよりもSFに通じるような仮説から生まれた。その仮説とは、意識が存在しない世界を考えることは可能だろうか、というものである。この「ゾンビたち」——後にわかるが、ここでそれは意識を欠いた存在として理解されている——の世界は、現在のわれわれ人間の世界とあらゆる懐疑を明らかにしている。人は自分にふさわしい怪物ではなく、自分がおそれる怪物を持っているものだ。かくして意識は、みずからの悪夢を、つまりゾンビを分泌しうるだろう。

デカルトのコギトはいまや堕落してしまい、熟考することは、決定的であったり有用であったりするいかなるものの根拠にももはやならないように思われる。世界の秩序——経済的自由主義という秩序や緊急性という秩序——はいまやいかなる指針もなく、世界の盲目的な必要性の寄せ集めとなってしまっている。世界の秩序は、もはや意識——特異かつ個人的な倫理を可能にするような、また世界から距離を置きその一貫性を思考することを可能にするような内省の契機として理解されるそれ——にはいかなる役割も認めることがないのだ。

かつてないほど、世界は円滑に動く機械のように見える。そこでは、その方向＝意味《サンス》——方向と意味の混ざり合ったもの——についての矯正案や熟考は、もはや必要とならない。ゾンビとは不在をあらわす形象である。われわれがゾンビのうちにみずからの姿を認めうるということが、思考の偶然性を、またより広くは、われわれの社会における思考の役割をよく物語っているのである。

なるほど、ある人々は言うだろう。ひょっとしたら意識をめぐるさまざまな問いが、ゾンビの空虚で無表情な顔にまさにあらわれているのかもしれないが、しかしそうした細部に長々とかかずらうことは、この顔が、無表情である以前に腐敗したものであるということを忘れることになるだろう、と。ゾンビは死んでいるのだ、と。不気味なものの感情よりもむしろ、おぞましさ《アブジェクション》と嫌悪の感情のほうがずっとゾンビの主要な美学を構成しているのであって、またそれらの感情、つまり原始的で制御不可能な反応は、ゾンビをわれわれの文化および社会の対象＝徴候として理解することとはほとんど関係がないのだ、というわけである。

しかし、これはそれほど確かなことだろうか。

点において同じようなものでなければならない。同じような車、衣服、街ということである。われわれの各々も、その人間ヴァージョンと同様に振る舞う。同じような躊躇、笑い、身振りである。唯一の、そして非常に重要な違いは、ゾンビたちの世界においては、われわれのうちの誰も、内面の生を有していない、ということである。このゾンビ仮説の支持者たちは、随伴現象説［Epiphenomenalism］と呼ばれるかなり特殊なレトリックに基づいた議論を打ち立てている。その前提は、意識はわれわれの存在にいかなる影響力も持たない、というものである。意識とは付随的なもの、たんなる脳の神経支配、行動の結果でしかなく、行動の源泉や原因ではないのである。熟考や熟慮といったわれわれの能力は、われわれの行動においていかなる役割も果たさず、幻覚を生み出すだけである。すべてはすでになされている。例を示しながら随伴現象論者たちの立場を少しまとめてみよう。たとえば、南西地方のワインに対する好みは、その地方への愛情やいくつかの思い出と結びついているように思われる。しかし実際には逆で、むしろこのワインが好きだから、こうしたポジティブなイメージが生み出されるのである。これらのイメージはいかなる機能も持たない。それは、このワインに対する元来の嗜好から生み出されたレースや装飾にすぎないのである。

怪物

認めなければならないが、不気味なものという問題からゾンビの分析をはじめることには、確かに意外なところがある。不気味なものは、怪物の最も忘れがたい――この語は、ここでは最も際だったくらいの意味だが――側面では間違いなくない。それは、ゾンビ映画が引き起こす、ずっと激しく強い反応、つまり恐怖《ホラー》と比べれば、副次的なものにさえ思われる。これらの映画のクライマックスは、微に入り細にわたって描かれる四肢切断や貪食に、破裂する頭部や大量の血および体液に基づいている。『ブレインデッド』は、ピーター・ジャクソン――おそらく『ロード・オブ・ザ・リング』三部作のほうがより知られているだろう――の初期作品の一つでゾンビ映画の珠玉の小品であるが、映画史上最も多くの人工血液を使った作品とされている。物語の主人公であるライオネルがわれを忘れて芝刈り機でゾンビの群れを皆殺しにするシーンや、彼が巨大なゾンビに変身した母親の腹から大量の血を放出しながら飛び出すシーンは、とりわけ多くのヘモグロビンを要したに違いない。

このような美学は切断を引き起こしている、と言うだけでは足りない。それは、身体や臭いや老いのきざしを制御することに、憑かれたかのごとく躍起になっているわれわれの衛生主義的な社会、いまや死がタブーとなっている社会と関係を断っているのである。スクリーンに戻れば、われわれの都市ではいたるところで不可視となっている死が、腐敗した身体が、清潔さを求めるわれわれの強迫観念にショックを与え、われわれを不快にし動転させるのだが、それはまた、われわれを魅了しもする。まさにホラーのパラドックスだが、腐敗した身体や死は、われわれの好奇心を呼び起こし、われわれが見たがらないものを想起させるのである。ここから、ゾンビ映画を、ある価値転覆的なジャンルとしてみたくなる。このジャンルは、神経症から解放された、祝祭的な、ある別の社会をわれわれにメタファー的に提示しうるものである。

「死、いたるところに死が」

フロイトにとって、分身が不気味なものの原動力や表現様態であるとすれば、死とはその起源である。フロイトはつぎのように指摘している。

われわれのほとんど誰もが、この点では相変わらず未開人のように思考するのだから、死者に対する原始的な不安がわれわれのうちでいまなおとても強く、なにかのきっかけさえあれば、いつ何時でも表面化する用意ができているとしても、なんら怪しむにはあたらない。こうした不安にはおそらく、死者は生き残った者の敵となり、〔死後の〕新しい生存の仲間として道連れにしようともくろんでいるとする古の感覚が依然として含まれているのである。死に対する姿勢がこれほどにも変わっていないのであれば、問われうるのはむしろ、原始的なものが不気味なものとして回帰できるために必要とされる抑圧という条件などどこにあるというのか、という点だろう。(1)

分身が不気味でおそろしいのは、それがそこらをうろつき、生者を待ち構える死を体現しているからである。それは、類似と可視的なものの狭間に姿をあらわす死なのだ。ゾンビは、まさにそれが、みずからが負うところのものにつきまとい、それを待ち伏せる死であるという点において、こうした解釈を補強するものである。

とはいえ、すぐに気づくように、ゾンビはみずからが負うところのものを求める控えめな仕方を探してうろつくだけではない。ゾンビは、とくに控えめさで知られているわけではないのだ。むしろゾンビは、死という強迫観念を帰結点へといたらしめるものである。すなわち、ある瞬間

(1) Sigmund Freud, *Inquiétante étrangeté*, *op. cit.*, p. 248〔ジークムント・フロイト「不気味なもの」、前掲書、三七～三八頁〕.

に死が影から抜け出してきて攻撃に移るのである。このとき、死は鏡の向こう側から犠牲者を魅惑したり、彼を夜に溶かしてしまうだけではない。死は彼を貪り食うのだ。もし死が、一個人の生ではなく、ある住民全体の生を奪うことを望むとすれば、それは鏡像や投影や幽霊屋敷によっては果たされえないだろう。

人間がゾンビの射程内にいるとき、ゾンビの目が人間をいっそう注意深く眺めるとき、ゾンビは真の性質を明らかにする。ゾンビとは、擬人化された死であるのだ。それは、ペストのように増殖し、伝染する死である。ゾンビたちは、まさにその肉に、みずからが犠牲となった過酷な暴力の痕跡をとどめるだけでなく、暴力を伝染させもするのである。恐怖《ホラー》は単数形ではなく複数形で語尾変化する。死は一つの種をつくり出し、この種は再生産され、そうして増殖することができる。よみがえった者たちは、まさにその肉に死のスティグマを、彼らを他の人々から取り返しのつかない形で区別するものの痕跡を有することになる。彼らの身体は変質や腐敗を続け、四肢は崩れ落ちるのである。このようにゾンビとは、あるネガティヴな種であり、突然目に見えるようになって復讐してくる人間の呪われた部分のようなものである。

カメラがこのような死と暴力のすべてを見ようとし、そこからけっして顔をそむけまいとするとき、ゾンビ映画はゴアとなる。もともとは一九七〇年代に誕生したこの映画ジャンルは、すべてをとらえ、表象し、提示しようとする意志において、グロテスクとポルノグラフィを結びつけるものである[2]。そしてこの点からすれば、ゴアジャンルにおいてゾンビは、主役として理想的な形象となる。
ゴアの観点からは、ゾンビは理想的な登場人物である。すなわち、すでに死んで腐敗したこれらの存在は思考することはなく、同じ血なまぐさい身振りを果てしなく繰り返し、欠損が拡大しても、つねにそれを数において上回る早さで増殖する。それゆえ彼らは、（殺し殺されるという）ゴアの反復的な構造と、エスカレートへの嗜好に理想的に合致するのである。(3)

気づくのは、不気味なものがすでに暗示していたこうした死の表象とは別に、それと関連しつつもはっきりと区別される、もう一つの幻想が伏在する、ということである。それは、おそろしくおぞましい表象を目撃したいという幻想である。こうした欲望には、確かに驚くようなところがある。

（2）フィリップ・ルイエはこのジャンルについて、「オフシーンおよび省略の絶対的優位の終焉」という正当かつ総合的な定義を与えている（Philippe Rouyer, *Le Cinéma gore. Une esthétique du sang*, Paris, Cerf, 1997, p. 161）。
（3）*Ibid.*, p. 168.

アブジェクト

ジュリア・クリステヴァは、有名な『恐怖の権力』のなかで、嫌悪感や恐怖を与える表象や事物に直面した際にいだく感情に興味を示している。このような情動を紹介するために、彼女は冒頭でつぎのような記述を行っている。

ある食物、汚物、屑、塵芥に対する嫌悪感。わたしの身を守る痙攣や嘔吐。汚穢、掃きだめ、不浄からわたしを引き離し、身をそむけさせる反感や吐き気。(4)

アブジェクトとは、それに対する嫌悪感そのものがわれわれを驚かすようなものである。驚くべきであると同時に明白でもあるような論理を有したものに出会うことはまれだろう。嫌悪感という反応は、つねに少々非合理であるように思われるのだ。

存在が自己の脅威に対して企てる反抗、可能なもの、許容しうるもの、思考しうるものから投げ出され、途方もない外部や内部からくるように見えるものに相対してのあの暴力的で得体の知れない反抗が、アブジェクションにはある。(5)

アブジェクトに直面したとき、主体は動揺し、ときに気を失うことさえある。だが、血をこわがる者は、彼を生かしているところのものによって気を失うのだ。嫌悪感を与えるものもアブジェクトも、われわれの条件のうち、われわれの偶発的かつ致命的な本性を想起させる部分と関係がある。アブジェクトが存在するのは、抑圧を背景としてのみである。ゆえにアブジェクトへの魅惑が存在するのは、われわれが通常は避けたがるものへの好奇心を背景としてのみである。

アブジェクトが指し示すのは人間に固有のものであり——動物はおぞましさ《アブジェクション》を感じることはできないので——、人間の意識が自己を構成するために棄却したり抑圧したりしなければならなかったものである。ジョルジュ・バタイユとジャック・ラカンをうけつつジュリア・クリステヴァが強調するのは、人間は、意味を授けられ象徴を司る被造物をもってみずから任ずることによって、みずからの動物的な条件の大部分を否定しなければならない、ということである。こうした議論はよく知られており、いまや人文科学ではありふれた考えとみなされている。思考する存在としてのわれわれの条件は、同一性やカテゴリーの体系に、つまりわれわれの欲動を遠ざけるような象徴体系に訴えるところからくるのである。昇華をあらゆる文化的営為の条件としたフロイトは、すでにこのことを指摘していた。われわれの動物的な部分からこのように距離をとることは、必

（4）Julia Kristeva, *Le Pouvoir de l'horreur*, Paris, Seuil, 1980, p. 10〔ジュリア・クリステヴァ『恐怖の権力——〈アブジェクシオン〉試論』枝川昌雄訳、法政大学出版局、一九八四年、五頁〕.

（5）*Ibid.*, p. 9〔同書、三頁〕.

然的にわれわれの宿命の否認へとゆき着く。(6) われわれの肉体的な条件や性活動の眩暈を否認することは、われわれの偶然性を忘れ、死を近づけないための最良の方法であるのだ。(7)

いくつかの同一性の秩序の崩壊は、象徴体系を破壊し、文明というワニスの下で眠っていた人間の動物的で宿命的な部分を目覚めさせる。まさにこれが、アブジェクトが、そこに衝突したらあらゆる象徴化が砕け散ってしまうような暗礁となる所以である。アブジェクトとは象徴化の限界であり、その脆弱性を示すものなのだ。象徴秩序の偶然性を思い起こさせるあらゆるもの、境界——同一性の境界であれ規則の境界であれ——の乗り越えに属するあらゆるものはアブジェクトである。さらにクリステヴァは、「おぞましい《アブジェクト》ものに化するのは、清潔や健康の欠如ではなく、同一性、体系、秩序を攪乱するものである」(8)と指摘している。アブジェクトが引き起こす嫌悪感や恐怖は、同一性や秩序や体系が君臨していた往時へと回帰することに対するそれである。吐瀉物や肉体内部の眺めは、内部と外部の越境を示している。小児性愛や近親相姦がタブーであるのは、それが、人間の共同体を溶解させてしまうような規則転倒の所業だからである。

ゾンビの到来が西洋文明の破壊をもたらし、人類が石器時代あたりまで戻ってしまうというのは、故なきことではない。もしゾンビがアブジェクションの表出であるとしたら、そしてもしアブジェクションが文明化以前の時期に起因するとしたら、ゾンビの力は、パンドラの箱のそれと似ているように思われる。ひとたびそれが開いたら、いつ、どのように閉じるのか知ることはたいへん難しいのだ。われわれがアブジェクションを大いにこわがるのは、象徴の建造物にただ一つひびが入るだけで、ただ一つのアブジェクトが不法侵入してくるだけで、おそろしい連鎖反応を引き起こすには十分だと考えるからである。たとえば、主体性の溶解——われわれの嫌悪感——や文明の破壊——暴力に対するわれわれの恐怖——などがそれである。ゾンビ映画は、こう

（6）この宿命の否認は、そもそもあらゆる言語の構造にさえ刻み込まれている。もし象徴が、現実の事物から距離をとることや、現実の事物の代用として機能するとしたら、それはまた、みずからが代理するところのものを不死にするものでもあるのだ。たとえば、「薔薇」という語は購入された薔薇の花よりもずっとよく生きながらえる。この意味において象徴化は、死を——まずさまざまな事物の死を、続いてわれわれの死を——想像することの難しさを人間の精神に伝えてきたように思われる。

（7）この点に関するジョルジュ・バタイユの定式は、見事でもあり名高くもある。「性活動と死は、自然が、無数で尽きることのない存在たちと行う祝祭の強烈な瞬間にほかならない。すべての存在の特性である存続への欲求に抗って自然が行う無際限の浪費という意味を、性活動も死も持つのである。〔……〕自然は、自然が生み出す存在たちに、自然を衝き動かすあの破壊への燃えるような情熱、なにものによっても満たされないあの情熱を共有するよう強く求めているのだが、あたかも人間は、自然が持つこのような不可能な面（われわれにも与えられている面）を、無意識裡に一度でとらえたかのようである。自然は存在たちが従うことを、いや飛び込んでくることを、強要していた。人間の可能性は、一個の存在が、克服しがたい眩暈に襲われながらも、否と答えようと努力したときに決定されたのだ」（Georges Bataille, *L'Érotisme*, Paris, Gallimard, 1957, p. 69〔ジョルジュ・バタイユ『エロティシズム』酒井健訳、筑摩書房、二〇〇四年、九九〜一〇〇頁〕）。原抑圧や過剰な近接性からの離脱がそれだが、主体は、動物的な眩暈から距離を置くことによってのみ確立されたのである。

（8）Julia Kristeva, *Le Pouvoir de l'horreur*, *op. cit.*, p. 12〔ジュリア・クリステヴァ『恐怖の権力』、前掲書、七頁〕.

した危惧をほとんど手を加えることなく図説するものである。

象徴秩序は、人間に意味のやりとりを可能にする効果的なフィクションであるが、しかしこの慣習は、いかなる超越性によっても支えられていない。それが持ちこたえているのは、使用の重みや、通常は思考されることのない性質によってのみである。アブジェクトは、こうしてさまざまな境界を開き、規範の外部に位置づけられることによって、象徴秩序が持つ慣習という性質を明らかに示すのである。[9] 乗り越えられたあらゆる規則は、じわじわと広まり、共同体にとって、さらには人間にとってより一般的な秩序へと及ぶおそれがある。

それでもわれわれは、みずからを主体として構成するために背後に置いてきたものに対して依然として強い好奇心を持っているし、それを欲望している。確かに、ホラー映画におけるアブジェクトは比喩的なものであり、われわれに直接与えられたものではない。この違いは非常に大きい。そこには、これらの感情に対するある距離が含意されているのだ。もしこれらの感情がつねにいだかれたとしても、それは距離によって、ある両義的な感情を許すものとなっている。すなわち、もし嫌悪感が部分的に残っているとしても、そこには少々後ろめたい好奇心がまざっているのだ。また、ホラーの哲学の大部分が、好奇心をこの映画に対する関心の大きな原動力としてきたことも驚くべきことではない。『ホラーの哲学』でノエル・キャロルは、おそろしいフィクションにおけるドラマ上の中心的な推進力を好奇心に置いていた。長くなるが引用しよう。

それで、ホラーのパラドックス解決への概算として、われわれはつぎのように推測することができる。すなわち、われわれが多くのホラー・フィクションに惹きつけられるのは、発見の筋《プロット》と証明の劇《ドラマ》がわれわれの好奇心を刺激し、興味をかきたて、それらを愉快な形で理想的に満足させる仕方ゆえである、ということである。しかし、もしありえない存在にまつわる物語上の好奇心が暴露を通じて満足させられるとしたら、そのプロセスは、嫌悪感を催させるよう

（9）さらに、ラカン的な「現実界」からアブジェクションにアプローチすることもできる。ラカンにとっての「現実界」とは、慣習や解釈として理解された「現実」と異なり、象徴化に抗するものである。ところで、スラヴォイ・ジジェクが『イデオロギーの崇高な対象』において見事な形で強調するように、現実界と象徴界の関係は、おそらく二重伴立として理解しなければならない。現実界を抑圧することによって象徴界が確立されるだけではなく、同様に、現実界が存在するのは、象徴界それ自体によってにほかならないのだ。この箇所の理路は、アブジェクトを介在させることによって理解しやすくなる。動物は、象徴を司る被造物でないためアブジェクションを感じることができない。動物は、なにに対しても嫌悪感をいだくことがないし、なにを見てもそうした心のたかぶりを生ずることがないのだ。ただ人間だけが、意味を有する被造物であるために、みずからをおびやかす事物や出来事に出会って眩暈を覚えることができる。ジジェクはつぎのように断言しさえするだろう。「したがってラカンの〈現実界〉の逆説は、それが（「実在する」、実際に起きる、という意味では）存在していないにもかかわらず、一連の属性を持っていて、構造的因果関係を動かし、主体の象徴的現実において一連の効果を生み出す、ということである」（*The Sublime Object of Ideology*, New-York, Verso, 2008, p. 183〔スラヴォイ・ジジェク『イデオロギーの崇高な対象』鈴木晶訳、河出書房新社、二〇一五年、三〇三頁〕）。アブジェクトは、それに対して嫌悪感をいだきうる存在にとってのみ存在する。アブジェクトは、抑圧の身振りそのもののうちでのみつくり出されるのである。

ななんらかの要素を必要とするに違いない。というのも、そうしたありえないものは、仮説上のものであり、不安にさせ、苦しく、また不快なものだからである。［……］アート・ホラーとは、ありえなかったり未知であるもの、われわれの概念的な図式に反するものの暴露に対して、われわれがよろこんで支払う代価である。ありえない存在は、確かに嫌悪感をいだかせる。しかし嫌悪感は、物語全体の住所《アドレス》の一部なのであって、この住所《アドレス》は、愉快なだけではなく、その潜在的な快が、怪物——既存の文化的分類に反し、それに挑み、それを問題化する存在としての怪物——の存在の確証に依拠するようなものなのだ(10)。

死の否認

人はおそらくこう言うだろうし、またそれは正しい。すなわち、アブジェクションという領域は新しいものではなく、あらゆる文明と同じ広がりを持つものであり、またあらゆる文明とともに生み出される、と。それでは、ホラーを見ることへの意志が、今日これほど甚だしいものとなっているのはなぜだろうか。なぜわれわれは、フィクションの領域においてゾンビというアブジェクションをつくり出したのか。なぜいま、こうした怪物をつくり出すのだろうか。隣人を食らい、われわれの眼下で腐って崩れ落ち、社会秩序を解消し、血縁関係を忘れ、子、親、兄弟姉妹などを攻撃するような怪物を。要するに、われわれが現実においてそれほど執拗に抑圧しているものを、フィクションの領域で表象しようとするのはなにゆえなのか。
大部分の文化において、人間の動物的な部分や宿命に対する拒否は、この動物的な部分や宿命とのより根本的な合意に基づいている。さまざまな社会は、なによりもそうしたものとの交渉の仕方によって区別されるかもしれないのだ。デリダはこのことを、すでに死について指摘している。

文化それ自体が、文化一般がなによりもまず――ア・プリオリにとさえ言おう――死の文化なのだ。[……] 文化の概念そのものが、死の文化の同義語としてあらわれうる。まるで、死の文化とは実は畳語法ないし同語反復であるかのように。(11)

(10) Noel Carroll, *The Philosophy of Horror, or The Paradox of the Heart*, New York, Routledge, 1990, p. 186-187. ローズマリー・ジャクソンはこのことを、ポスト・フロイト的アプローチからつぎのように指摘している。「幻想文学が指し示す、あるいは示唆するのは、文化的秩序が依拠する基盤である。というのもそれは、ほんのつかの間ではあるが、無秩序について、不法行為について、支配的な価値体系の外部にあるものについて自由に語るからである。幻想的なものは、文化における語られないもの、見られないものの所在を明らかにする。つまり、沈黙させられてきたもの、不可視にされてきたもの、覆い隠されてきたもの、不在にされてきたものである」(*Ibid.*, p. 175)。
(11) Jacques Derrida, *Apories. Mourir, s'attendre aux « limites de la vérité »*, Paris, Galilée, 1996, p. 84〔ジャック・デリダ『アポリア――死す「真理の諸限界」を「で/相」待-期する』港道隆訳、人文書院、二〇〇〇年、九一頁〕.

病、性活動、死はおそらく、すぐれて儀礼的な場である。それは、存在にとっての決定的な瞬間や、われわれの状況や社会の脆さへと送り返される瞬間を飼いならし、調停するための場なのだ。それは、厳密にはアブジェクトによって特徴づけられうるこれらの瞬間を象徴化したさまざまな断片を調整しようとする。しかしながら、われわれはいまや、重要であると同時に厄介でもあるこれらの瞬間を象徴化し調停するための方法や場を欠いている。フィリップ・アリエスはこのことを思い起こさせる。

昔は、あらゆる機会に関して、一般的に口に出さない感情を他人に示すコードが存在した。たとえば、ご機嫌をうかがう、産む、死ぬ、おくやみを言うといったことのためのコードである。こうしたコードはもう存在しない。それは一九世紀末と二〇世紀に消滅した。それらの感情が日常の外部に、あるいはたえがたい激しさで噴出しようとしても、それを方向づけるものはもはやなにもない。この場合、それらの感情は日常的活動に必要な秩序と安全を危険にさらす。したがってそれは抑圧してしかるべきだ、ということになる。こうしたわけで、最初に愛に関する事柄が、ついで死に関するそれがタブー視された。(12)

死はわれわれにとって異質なものである。死はすぐれて思いもよらぬものである。われわれが存在する目的はいまや曖昧であるため、その短さは忘れるほうがよいのであり、さもなければ、われわれは与えられた時間の意味を決定しなければならないだろう。われわれが満足のゆく答えを得られず苦悩するのは、いかなる指針もないため、死についてのあらゆる想起が、われわれをある種の空虚さへと送り返すからである。われわれは死を忘れるほうを選ぶ。「それゆえ人は欺瞞に陥ったのだ」(13) とアリエスはさらに付け加える。高齢者は家のなかに置かれ、そこで死んでいく。死は、それから病も、われわれの社会の周縁にとどめ置かれているのだ。こうした状況のなかでゾンビは、もはやわれわれには調停することができない死の形象となっているように思われる。フィクションとは、われわれの文化がもはやわれわれに示すことができないものを一時的に垣間見せるものである。そのときフィクションは、われわれの現代社会におぼろげに姿をあらわしているもの——意識と結びついた問いかけの場合のように（前述参照）——というよりも、むしろそこで抑圧されているものを指さすのである。

---

(12) Philippe Ariès, *L'Homme devant la mort, t. II*, Paris, Seuil, 1977, p. 289〔フィリップ・アリエス『死を前にした人間』成瀬駒男訳、みすず書房、一九九〇年、五二〇頁〕.

(13) *Ibid.*, p.272〔同書、五〇四頁〕. アリエスはさらにつぎのように指摘している。「非常にはっきりしていることは、喪の悲しみの廃止は遺族の軽薄さによるものではなく、社会の容赦ない強制によるということだ。社会は、服喪している者と激しい感情を分かち合うことは拒否する。それは、たとえ原則として死の現実は認めても、実際に死があることは拒否するというやり方なのだ。わたしの考えでは、この拒否がこんなにも公然と示されたのははじめてのことである」(p. 289〔五二〇頁〕)。

ここでは、亡霊、つまり生ける屍の近代的な形象とゾンビとの区別が啓示的となる。近代人にとって、死の飼いならし――果てしない仕事である――の諸様態は、死者が生者の世界においてなんらかの影響力――たとえ記憶という形にすぎないとしても――を保持していることを前提としている。

もしハムレットが言うように、「この時代はたががはずれている」としても、シェイクスピア的な近代性におけるこの解体は、修理や再連接の期待のうちでのみ価値を持つ。ハムレット的な亡霊が出没するのは、象徴秩序が攻撃を受けたからにほかならないのだ。亡霊はそれゆえ、よき死の可能性という、ここで妨げられているものを前提としている。よき死とは、集団が意味を与えることができるような死であり、故人が記憶の共同体のなかでみずからに帰属する場を占めることができるような死である。スラヴォイ・ジジェクはラカンをうけて、われわれが二度死ぬことを思い起こさせている。ひとたびは現実において、もうひとたびは象徴的に、である。ハムレットの父が現実へと回帰してくるのが象徴的な記憶の修復をねらってのことであるのは、まさにこうした意味においてである。

亡霊とは、生から死への移行を取り巻く規則や規範がはっきりしている世界の産物である。この腐植土からのみ、修理への期待をいだいて亡霊は立ちあらわれ、生者に取り憑くことができる。

物理的なものであれ象徴的なものであれ、なんらかの暴力が死の儀礼性を断ち切れば、亡霊はただその修繕を切望する。亡霊とは、生から死への移行を、また記憶の残存という推移を守るものである。それは、過去を現在や未来と結びつける糸を保護するのである。ジャン＝フランソワ・アメルは、このことをつぎのように述べている。

> 時間に住まうことは、伝統的には、発生と腐敗のあいだの断絶を、死者から生者に伝えられる遺産の力学に基づいた持続へと変えることであった。それは過去と未来を同時に内面化することであり、言い換えれば、記憶と期待を調停することによって、もはや存在しないものといまだ存在しないものとを現在に統合するような場を創設することであった(14)。

亡霊が、生から死への移行を司る規則を、二つの空間の相対的な気密性を保つために守ろうとしても、結果的にそれは、生者の世界を維持することになるだろう。ポスト近代性《モダニティ》の幽霊であるゾンビは、それとは大いに異なる。ゾンビとは、生者と死者のあいだの紐帯を結びなおすために戻ってくるものではない。もっと容赦ないことに、それが群衆を呼び集めるのは、枠組みを奪われ、生者を食らうために戻ってくる死の想像上の表象としてである。このように、ゾンビとは悪

(14) Jean-François Hamel, *Revenances de l'histoire : répétition, narrativité, modernité*, Paris, 2006, p. 36.

夢であるのだが、そこでもまた、現代というわれわれの時代にしっかりと根を下ろした悪夢なのである。

肉の否認

ゾンビ映画においては、死のみならず、より広く肉も回帰してくる。アブジェクションとは、身体の清潔さや統御という観念に取り憑かれた現代への応答であるのだ。身体の臭いは嫌がられ、社会的な圧力は肥満を自制心の欠如のしるしとして糾弾し、体毛は、一九八〇年代にはあたりまえのものであったのに、いまや見苦しく野卑に思われ、男も女も剃っている。身体の統御に対する現代の熱狂のただなかにあっては、老いのしるしは不愉快で邪魔なものである。それは、恒久的な魅惑のための魔力を断ち切ってしまうがゆえに隠されなければならないのだ(15)。

若さや清潔さへの強迫観念が拡張するのにつれて、アブジェクションもまた拡張し、身体の各部位に及ぶようになる。思いだそう、アブジェクションが存在するのは、まさに抑圧があるがゆえにほかならない、ということを。社会的な交際さえも、身体の物質性への恐怖に蝕まれている。ダヴィッド・ル・ブルトンは書いている。

身体的な表現の社会化は、抑圧の庇護のもとになされる。身体をより歓待する他の社会の見地からすれば、西洋の社会性は身体の消去に、身体の賭けをめぐる独特の象徴化――ある遠隔化としてあらわれるようなそれ――に基づいている、と言うことができる。いわゆる回避反応（対話者同士がある程度親しいなどの特定の場合を除いて他者に触れないことや、ある正確な場合を除いて裸体あるいは部分的に剝き出しになった身体を見せないことなど）や身体的接触の制御（交際における握手、抱擁とキス、顔同士や身体同士の距離など）である。(16)

身体のあらわれの平滑化や、複雑な記号論的道具への変化という観念にすっかり取り憑かれている現代世界において、ゾンビという不定形なもの、アブジェクトは、そこでもまた抑圧されたものの回帰のように見える。現実において明確な形をとることができないものが、フィクションのなかにわが道を見出すのである。

(15) この点については、以下の著作におけるダヴィッド・ル・ブルトンの見事な記述を参照のこと。David Le Breton, *Anthropologie du corps et modernité*, Paris, Puf, 1990, p. 145-155. 彼はさらにつぎのように指摘している。「実際、老いも死も、しばしば言われるようなタブーとは異なる。タブーとは、社会組織のなかでいまだ意味をなすものであり、集団に共通する同一性がそれをめぐって構成されるような境界へと送り返されるものである。老いも死も、こうした役割を果たしはしない。それらは異常の場であり、今日では、社会的行為に意味や価値を与える象徴領域から逃れている。老いや死は、身体における還元しえないものを体現しているのだ」(p. 146)。

(16) *Ibid.*, p. 126.

思い起こされるのは、『文明化の過程』におけるノルベルト・エリアスの分析だろう。それは、身体的な風習の漸進的な儀礼化および規格化について考証したものであった[17]。近代化は、長い歴史的プロセス——現代がその極点にほかならないようなもの——を通じて、身体の物質的現前やその動物性のあらゆるしるしを覆い隠す傾向にある。食卓における儀礼性やしきたりはそのことをはっきりと示している。もはや食物を手づかみしてはならないし、ひとたび口に入れたものを見せてはならないし、吐き出してもならない。あるいは、飲み込めないほどの量を口に含んではならない。後に理解されることになるが、こういった規則はすべて、ゾンビがよろこんで転倒させるものである。

　貪欲でグロテスクなゾンビは、病や死によって働きかけられ、われわれの近代性における身体の平滑化を手玉にとる。あわれな犠牲者に飛びかかるゾンビたちの奇妙な乱痴気騒ぎは、まだぴくぴく動いている獲物を貪り食う粗野粗暴な猟犬の群れという空想をあらわしている。『死霊のえじき』で登場人物の一人（ローズ）が、このような群れによって生きたまま貪り食われるシーンを思いだそう[18]。こうしてゾンビは、原初的な動物性への回帰を表象するのだが、しかしまたそれは、この抑圧されたものの回帰がもたらす享楽への回帰でもある。それゆえアブジェクションとは、さまざまな情動の弁証法へと送り返されるものであり、嫌悪感と享楽はそこで結びつく。すなわち、ゾンビの享楽と観客の嫌悪感であり、ゾンビの享楽が観客に与える嫌悪感と、この嫌悪感が生ける屍において引き起こす享楽である。

グロテスクな形象としてのゾンビ

フィクションの形をとった抑圧されたものの回帰、つまり肉——腐敗した、ぞっとする、怪物的な身体——や演出された死の現前化は最終的に、物語のいずれの瞬間にも避けがたいある効果を生み出す。それは笑いである。ゾンビはグロテスクである。すなわち、おそろしげであると同時にのろまであり、愚かであると同時に粗暴であり、不道徳であると同時に滑稽であり、退行的な享楽に深く没頭するあまり、自分の身体が激しく損傷していることさえ、つまり自分が死んでいることとさえ忘れてしまうのである。奇妙なことに、こうしたことはわれわれに笑いをもよおさせる。そして、表象された形象を信じることの困難——あまりにも多くのB級ゾンビ映画のことを考えてみよう——が付け加わると、効果は確実なものとなる。

とはいえ、グロテスクは滑稽さにかかわるだけではない。この感情を、はりぼての装飾や適当なメイクへと還元することはできないだろう。はっきり言おう。グロテスクとは自由の反応であ

---

(17) Norbert Elias, *La Civilisation des mœurs*, Paris, Pocket, 2003〔ノルベルト・エリアス『文明化の過程（上）——ヨーロッパ上流階層の風俗の変遷』赤井慧爾・吉村元保・吉田正勝訳、法政大学出版局、一九七七年〕.

(18) 群れが彼の内臓を食らうとき、彼はそれに向かって「俺の肉で窒息しやがれ！」とわめくことしかできないだろう。これは、いまや愛好家たちのあいだでカルト的なフレーズとなっている。

る。たとえそれが笑いであったとしても、この笑いはまず解放の身振りであるのだ。グロテスクは、自由を拘束するような規範を毀損して、それを転倒させる。だからわれわれは、笑うときほっと気持ちが楽になるのだ。このグロテスクこそ、ゾンビ映画を不安をかきたてるおそろしい経験と別物にし、またストレスの解消と娯楽を可能にするものである。そして、もしかしたら復讐も。

ミハイル・バフチンは、ラブレーに関する重要な著作のなかで、グロテスクがまず、中世末期の終末論という文脈のなかで展開するものであることを指摘していた。宗教的な言説が、最後の審判を梃子にして、恐怖によって主体の行動を規範化するのに対し、グロテスクは別の世界を提示する。バフチンはそのことをはっきり述べている。

> 民衆の笑いの文化は宇宙的な恐怖や終末論との戦いを反映しており、陽気で物質的・肉体的な、永遠に成長し、永遠に改新される宇宙のイメージを創造するのであるが、ラブレーは、このような民衆の笑いの文化が何千年ものあいだつくり上げてきた巨大な材料を、このパンタグリュエルのイメージに集中したのであった。(19)

形而上学的な武器としてのグロテスクということだろうか。あるいは。とはいえ、あまりことを急がないようにしよう。グロテスクはまず、身体の部位——とくに鼻や性器——の肥大のような、通常の知で識別可能ななんらかの形態やモチーフに起因する。バフチンは、摂取と排泄を同時に可能にし、身体の開きを含意する場として、口と尻を強調する。(20) ラブレーの世界は、摂取、嚥下、食欲、笑い、享楽といったものが、他と異なる新たな生の、祝祭的・快楽主義的な生の原動力となるような世界である。口は、笑い、食べ、飲み込むことができる。尻は、そこから発される臭い、音、排泄物とともに祝祭に参加する。タブーと社会規範の転倒に基づく感覚的な快のなか、行儀作法《マナー》は忘れ去られる。この退行的な享楽はゾンビの享楽を思い起こさせる。ゾンビは食べることしか——しかも拙《まず》く食べることしか——できず、また、開かれ穴を穿たれたその身体は、もはや身体に境界を与えることがないためにアブジェクトであるのだ。(21)

---

(19) Mikhaïl Bakhtine, *L'Œuvre de François Rabelais et la culture populaire au Moyen Âge et sous la Renaissance*, Paris, Gallimard, 1982, p. 338〔ミハイール・バフチーン『フランソワ・ラブレーの作品と中世・ルネッサンスの民衆文化』川端香男里訳、せりか書房、一九七三年、三〇〇頁〕.

(20) バフチンはこのことを、ゾンビの中心的なモチーフにほかならない口に関して強調している。「〔口は〕トポグラフィカルな身体の下層とつながっているのである——これは、下層に導き、身体の地獄へと導く開け放たれた門である。この大きく開けた口とつながりがあるのは、貪り食う・呑みこむというイメージである——これは最も古い両面価値的な死と破壊のイメージである」（*ibid.*, p. 323〔同書、二八七頁〕）。

(21) いれものとしての、包むものとしての皮膚は、自我と非我、外的世界と内的世界を区別し、また、これら二つの世界の移行空間を打ち立てるものである。ディディエ・アンジューは指摘している。「わたしのような精神分析家にとって、皮膚は決定的な重要性を持つ。心的装置に、〈自我〉とそのおもな機能の構成要素となる表象をもたらすのは皮膚だからである」（Didier Anzieu, *Le Moi-peau*, Paris, Dunod, 1985, p. 95〔ディ

この意味においてグロテスクは、ある転倒に、つまり「逆転された身体的ヒエラルキー」(22)に基づいている。グロテスクな身体とはまさに奇形の身体であるのだが、しかしこの奇形性は、ある陽気な宇宙観の産物であるのだ。グロテスクな身体の対極に位置するのが、閉じた、個人的な、死すべき、特異化する身体であり、つまり近代的な個人主義を可能にする身体である。この点において現代と近しいラブレーの時代には、「出来上がっていない身体の未完成性を示すあらゆるしるしは念入りに除かれ、身体の内的生活のあらわれもすべて取り除かれてしまう」(23)のに対し、バフチンが思い起こさせていたように、グロテスクな身体が提示するのは、自然よりも大きく、真の限界を持たないような身体観である。というのも、グロテスクな身体とは、絶え間なく変形しつつみずからの特異性を否定し、みずからを取り巻く世界を吸収する——また、ときに世界に吸収される——ようなものだからである(24)。

ゾンビの形象にこれ以上ふさわしい定義を思いつくことは難しい。つまり、開かれていると同時に限界のない身体、個性を持たないと同時に絶え間なく変形する身体、われわれの文化で通用している個性の価値を転倒させるような形象といった定義である。バフチンが示したように、グロテスクが死を問いなおしさえするという点からは、こうした類似はさらに引き延ばされるべきですらある。グロテスクの観念のうちで、死はあらゆる宿命性を失い、再生の方途となる。バフチンは書いていた。「これとは反対に、グロテスクな身体においては、死は本質的には少しも終わりではない。なぜなら死は父祖伝来の身体にかかわるものではなく、逆に死はこの身体を新しい世代において改新させるからである」[25]。死とは遍在的なものであり、みずからが予告し可能にするところの変形や再生を前提とすることによってのみ存在する。ゾンビとは、グロテスクの現代的な形象であるように思われる。

夢見る代わりにストレスを解消すること

バフチンがラブレーの分析から練り上げたようなグロテスクは根本的には、まず宗教的な価値の転倒であるが、しかしまたそれは、社会的な価値の転倒でもある[26]。それは「カーニバル」であ

ディエ・アンジュー『皮膚‐自我』福田素子訳、言叢社、一九九三年、一五九頁〕)。皮膚の溶解もまたアブジェクトなのだ。

(22) Mikhaïl Bakhtine, *L'Œuvre de François Rabelais*..., *op. cit.*, p. 307〔ミハイール・バフチーン『フランソワ・ラブレーの作品と中世・ルネッサンスの民衆文化』、前掲書、二七三頁〕.

(23) *Ibid.*, p. 318〔同書、二八三頁〕.

(24) *Ibid.*, p. 320〔同書、二八四頁〕.

(25) *Id*〔同右〕.

(26) ミハイル・バフチンはつぎのことを強調している。「過去の民衆文化は、その千年にわたる発展の歴史においてつねに、公式の文化の中心的思想、イメージ、象徴を笑いによって克服しようとし、その酔いをさまさせ、物質的・肉体的下層の言語（両価値的意義を持つ）に翻訳することを目指してきた」(*ibid.*, p. 391〔同書、三四七頁〕)。

り、社会秩序に対する自由の空間である。カーニバルとは農民の祝祭であるが、バフチンにとってそれは、より根本的には、民衆の力、人類学的な力を意味する。この力は、支配的な文化に背を向け、それを再解釈したり、転倒させたり、変形したりする対抗文化《カウンターカルチャー》や対抗世界《カウンターワールド》を練り上げることができるものである。バフチンはこのことを、『ドフトエフスキーの詩学』でつぎのように指摘している。

通常の、つまりカーニバル外の生の仕組みと秩序を規定している法や禁止や制限は、カーニバルのときには廃止される。なによりもまず取り払われるのは社会のヒエラルキー構造と、それにまつわる恐怖・恭順・崇敬・作法などといった形式である。つまり社会のヒエラルキーやその他の要因（年齢も含む）からくる不平等に基づくものすべてが取り払われるのである。(27)

カーニバルとグロテスクは、ヒエラルキー的で規範化された世界観と対立し、再生に基づく異教的・循環的な秩序のほうを好むのである。さらにバフチンを引用しよう。

それゆえにこそ、民衆文化は、この陰鬱な厳粛性の極端な表現を笑いによって克服しようとし、それを陽気なカーニバルの怪物に変えることを目指したのである。民衆文化は自分流に冥界のイメージを組み立てた――不毛の永遠性には、懐胎せる、生み出す死が対置され、過去の古きものの自己の不朽化気取りには、死にゆく過去による、よりよき未来の、新しきものの生み出しを対置させた。キリスト教的冥界が大地の価値を低く見て、大地から人を引き離したのに対し、カーニバル的冥界は、死と誕生が出会い、古きものの死から新しき生が生まれる豊饒な母胎として、大地と下層を確認したのである。それゆえ物質的・身体的下層のイメージが、カーニバル化された冥界に浸透していくことになる。(28)

笑い、転倒された世界の秩序、一時的な死。ゾンビの世界は、カーニバルの企図《プロジェクト》を実現するものであるように思われる。こうして、ゾンビ映画を革命的・価値転覆的なものとして解釈することは容易であろうし、そもそも多くの人がそうしてきた。

ところが、この映画には、カーニバルの構造にとって本質的な側面が欠けている。それは、「よりよい未来」を、また、制度化された秩序の否定にとどまらない世界を提示する能力である。

(27) Mikhaïl Bakhtine, *La Poétique de Dostoïevski*, Paris, Seuil, 1970, p. 180〔ミハイル・バフチン『ドフトエフスキーの詩学』望月哲男・鈴木淳一訳、筑摩書房、一九九五年、二四八〜二四九頁〕(以下も参照のこと。Roger Caillois, *L'Homme et le Sacré*, Paris, Gallimard, 1950, p. 161〔ロジェ・カイヨワ『人間と聖なるもの』塚原史・吉本素子・小幡一雄・中村典子・守永直幹訳、せりか書房、一九九四年、一九一〜一九二頁〕).

(28) Mikhaïl Bakhtine, *L'Œuvre de François Rabelais*..., *op. cit.*, p. 392〔ミハイール・バフチーン『フランソワ・ラブレーの作品と中世・ルネッサンスの民衆文化』、前掲書、三四八頁〕.

ゾンビにおける価値転倒が提示するのは、ラブレーにおけるような庶民階級の勝利ではなく、精神薄弱でそれ自体疎外された新たな種の勝利である。このカーニバルは、人間にとっての夢ではなく、人間を打ち負かしたクリーチャーにとっての夢なのだ。それは無邪気なものではない。ゾンビというグロテスクは、そこでもまた徴候となる。それは、われわれの文化における死や肉の否認の徴候であるだけでなく、さらに、人間にとっての他なる未来を夢見ることに関するわれわれの無能力の徴候でもあるのだ。

ゾンビの形象には、社会的制約の転倒への意志が——顕著なのは笑いという形で——よくあらわれている。だが、この意志にはいかなる企図《プロジェクト》も伴わない。たとえシナリオ上は可能であったとしても、ホラーがユートピアに変わることはできないのだ。それが行うのは、われわれの制約や規範が毀損されるのを見せることによって、われわれのストレスを解消させることだけである。このストレス解消への嗜好には、西洋世界の終末を目撃したいという意志には、既成の秩序の廃墟上にもう一つの可能世界を夢見ることの無能力には、ある死への欲動が仄見える。われわれがそこで突きあたるのは、現代世界において具現化している、またゾンビ映画においてあらわされている幻想強硬派である。すなわち、よりよいものを夢見ることができないなら世界の破滅を目撃したいという欲望である。

アポカリプス

カメラは人気《ひとけ》のない街をゆっくり動き回り、やがて新聞スタンドにかけられたままの日刊紙の紙面をかすめる。一瞬、大きな見出しが説明のようにあらわれる。「死者が歩く！」と。それからカメラは向きを変え、この静止した街、しかしほこりっぽい風が渦を巻きながら吹き抜ける街の捜索を続ける。あたかも自然がゆっくりとその権利を取り戻したかのようである。あたかも産業をこととする人類にとって代表的な場所である街が、エントロピーに対する闘いに、つまり事物の避けがたい荒廃に対する闘いに敗れたかのようである。映画がわれわれに思い起こさせるのは、文明とは事物や世界の崩壊に抗う努力だということである。その営みは困難で絶え間なく、勝利は束の間のものなのだ

一般にゾンビは、隣人を強迫的に貪ることによって、地域の住民を大量に殺戮したり、あるいは彼らに、要塞化した場所やアクセスの難しい場所に身を潜めることを強いるようになる。いずれにせよ、街や公共の場は、その後動きをとめ、静寂に包まれる。死の風景、しかしはっとさせ

る風景である。われわれがお目にかかる機会がめったに——けっして——ないものが一つあるとすれば、それはまさに、誰もおらず物音のしない街である。そのような眺めはわれわれを当惑させる。それは悪夢のような光景だろうか、あるいは夢のような光景だろうか。

まずは仮説としてこう想定してみよう。われわれは文明の消滅を目撃することを——幻想や成就しえない欲望として——夢見ているのだと。ゾンビ映画はわれわれに、世界に対する甘美な復讐を、傲慢なよろこびを——自分が目を閉じているとき世界は停止していると思い込んでいる子どものそれのようなものを——与えるだろう。

奇妙な仮説だろうか。だがわれわれが人類の滅亡に魅了されるのは、はじめてのことではないだろう……。

＊＊＊

一七五五年一一月一日、午前九時四〇分、リヒター・スケールでマグニチュード八・三から八・五と推定される地震が、五万人から一〇万人のリスボン市民の命を奪い、街を灰燼に帰した。若かりしカントは、この事件にすっかり魅了された。二〇世紀初頭に、ヴァルター・ベンヤミンはラジオ番組のなかでこのことに言及している。

当時、これらの注目すべき諸事象に誰にもまして熱心に取り組んだのは、ドイツの大哲学者、カントだった。君たちのなかには、この哲学者の名前くらいは聞いたことのある人が、かなりいるだろう。彼は、あの地震が起こったときには二四歳の青年であり、それ以前にも以後にも彼の生地のケーニヒスベルクを離れたことが一度もなかったけれども、あの地震について集めうるかぎりの情報を、大いに熱意をかたむけて収集した。(1)

翌年カントは、『地震の歴史と博物誌』(一七五六年)という題の著作を出版してさえおり、そこで彼は、高温のガスで満たされた地下洞穴の存在から地震を説明しようと試みている。

しかしながら、リスボンの地震が人々の意識に傷跡を残したのは、地質学上の事件としてよりも、まずもって神の存在に対する問いかけとしてである。『カンディード』におけるヴォルテールの名高い一節は周知のところである。リスボンの地震は、その唐突さ、荒々しさ、かつて見たこともない力の猛威によってヨーロッパ全土を驚愕させた。地震は、確かに現実のものではあるが、しかしそれを体験しえなかった者には想像しがたい出来事として人々の心をかき乱した。地震から何千キロも離れたところにいたカントは、若き日にそれを科学的に確定しようと試みたわ

(1) Walter Benjamin, *Lumières pour enfants*, Paris, Christian Bourgeois, 2011, p. 227〔ヴァルター・ベンヤミン『子どものための文化史』小寺昭次郎・野村修訳、平凡社、二〇〇八年、一三六～一三七頁〕。以下も参照のこと。Gene Ray, *Terror and Sublime in Art and Critical Theory, From Auschwitz to Hiroshima to September 11 and Beyond*, Oxford, Palgrave Macmillan, 2011, p. 27.

けだが、いまや周知のように、地震はこの哲学者に、それとは別の仕方でより深く決定的な影響を与えた。カントは後年、最も主要な著作のうちの一つで、そこに立ち戻っているのだ。

一七九〇年、『判断力批判』のなかで彼は、有名な崇高概念を定式化した。数年後、テクストから地震についての直接的な言及は削除された。それでも、本書を読むとき、この惨劇を崇高のパラダイムにしないことは難しいように思われる。カントにとって崇高とは、構想力が超えられてしまい、ある出来事の広がりを説明することができないような瞬間に起因するものである。そのとき、くらくらしたり呆然としたりする感情が解放される。つまり戦慄である。カントは崇高についてつぎのように書いている。

［それは］ただ間接的にのみ生じる快である。すなわちこの快は、生命力が瞬間的に阻止され、それにただちに引き続いて、生命力がそれだけより強力に迸《ほとばし》り出るという感情を通じて生み出されるのである。崇高の感情はかくてまた感動として、構想力の働きにおける戯れではなく、その働きにあっての厳粛さであるように思われる。こうしてまた、崇高なものは魅力と一つのものとなることがない。さらに、心は対象にたんに惹きつけられるばかりではなく、交互に繰り返し突き放されもするのだから、崇高なものに対する適意は、積極的な快というよりは、むしろ賛嘆あるいは尊敬を含んでおり、すなわち消極的な快と名づけられるのがふさわしい(2)。

崇高が呼び起こしうる消極的な快は、あらゆる尺度を超えている現象、またその点において不安や当惑を引き起こすような現象に直面したときの感情に起因する。崇高とは、「天空に聳え立つ雷雲」や「荒廃を残して吹き過ぎる暴風」(3)の場合のようなあまりに大きな運動（カントが力学的崇高と呼ぶもの）によってであれ、あるいは、たとえば「ピラミッドの大きさ」や「ローマの聖ピエトロ聖堂」(4)の内部のような現象や事物の大きさ（数学的崇高）によってであれ、いずれにせよ構想力に無理を強いるものである。

われわれは、みずからの状況の卑小さや脆さを感じるような瞬間を通じて生を享受してきた。つまり、みずからを取り巻く世界の大きさや力を、また世界と対峙するみずからの究極的な偶然性を束の間感じるような瞬間である。崇高の感情は、身体と精神のある反応に存している。この反応は、精神のうちで、また精神が眼前の現象の測定に挫折するなかで生じ、それによって気持ちを昂らせるようなものである。ただちに同意されるだろうが、崇高を感じるのに不可欠な第一の条件とは、自分が安全な状態にあると感じることである。カントはこのことを想起させている。

（2）Emmanuel Kant, *Critique de la faculté de juger*, Paris, Gallimard, 1989, p. 182〔イマヌエル・カント『判断力批判』熊野純彦訳、作品社、二〇一五年、一八〇頁〕.

（3）*Ibid.*, p. 203〔同書、二〇五頁〕.

（4）*Ibid.*, p. 192〔同書、一九一頁〕.

おそれをいだく者は誰であれ、自然の崇高なものについてまったく判断することができない。［……］おそれをいだく者であれば、自分を怖気づかせる対象に目をやることを避けるのであって、恐怖が真面目にいだかれているのであるなら、これに適意を覚えることは不可能である。(5)

燃えさかる炎のただなかにいるとき、炎の美に気づくことにいかなる快があるだろうか。サメに追い回されているとき、海の広さはいかなるよろこびを与えるだろうか。崇高が存在するのは、われわれが観察の態勢にある場合のみであるのだ。

これもまた不可欠な第二の条件であるが、崇高の眩暈、戦慄が存在するのは、この眩暈と戦慄が意味を持ち、ある世界観と直面するような場合のみである。ある種のロマン主義によってこそ果てしない海はわれわれを魅了するのであり、自然の形態に対する感嘆によってこそ高い峰々はわれわれの心をかき乱すのだ。船乗りは海にいるあいだずっと崇高の感情をいだき続けているわけではないし、シェルパはエベレストの万年雪を崇高と思うだけではないかもしれない。カントは書いている。

だからたとえば、広大な、嵐に渦巻く大洋が、崇高と呼ばれることはできない。その眺めは凄絶なのだ。人がまず心をすでに多種多様な理念で満たしていることではじめて、心はそういったものの直観によって、それ自身崇高なものである感情にまで気分づけられなければならない。その場合心は感性を立ち去って、より高次な合目的性を含むさまざまな理念とかかわるべく、刺激されるのである。(6)

とてつもなく大きなものや自然の力といったものが崇高になりうるのは、この大きさや力が、主体の有するある種の理念と共鳴するようになる場合のみである。

カントの思想体系において、崇高は、少々抽象的な仕方で、人間理性の力——つまり現実を思考するその無限の能力——を自覚するよろこびに起因している。カントにとっては、広大な星空を眺めるときわれわれが衝撃を受けるのは、みずからの身体や知覚の限界を超えるものを把握したり理解することさえできるわれわれ自身の能力に対してである。確かに、理念には少々反

(5) *Ibid*., p. 203〔同書、二〇五頁〕. カントは別の箇所でつぎのようにも指摘している。「絶壁をなして張り出ている、いわば威嚇するような岸壁、天空に聳え立つ雷雲が、閃光と雷鳴とともに近づいてくるさま、破壊的な威力の限りを尽くす火山、荒廃を残して吹き過ぎる暴風、怒濤逆巻く、果てしない大洋、勢いのよい流れにかかる高い落流、こういったものは、私たちの抵抗する能力を、それらの勢力と比較して取るに足らないほど微小なものとしてしまう。しかしながら、これらの眺めは、それがおそるべきものであればあるほど、かえってそれだけ〔こころを〕引きつけるものとなるけれども、それも私たちが安全な状態に置かれていればこそのことなのだ」(*id*〔同右〕)。

(6) *Ibid*., p. 183〔同書、一八一～一八二頁〕.

直観的なところがある。ロマン主義者が滝を前にして崇高の感情の芽生えを見るのは、滝が自然の無限の力という理念をあらわしているからであるのに対し、カントは崇高の感情の原因を人間理性の力に帰するのである。言い換えれば、われわれが崇高の感情をいだくのは、理性が世界のあらゆる無限性を支配する（それを理解することができる以上）のを見て感動するからであるのだ。[7]ショーはこのことを、クラウサーのいくつかの定式を用いつつうまくまとめている。

> われわれが全体としての無限を考えることができる、言い換えれば、直接の経験的現前を超える理念を理解することができるというまさにその事実が示すのは、「われわれは、みずからの有限な現象的実存の限界を超える能力を有した存在である」ということである。[8]

カントが理性に果たさせる中心的な役割からは少々距離をとり、また無神論的な観点から見たとしても、カントによる崇高の定義と論理がこのうえなく有効であることに変わりはない。崇高とは、驚愕をより大きな秩序に、驚愕が意味を持ちうるような秩序に結びつけることを含意するものである。つぎのことを思い起こしてみよう。ある山を登り終えたとき、われわれの足もとに広がる世界の大きさは、理性が意味を持つような世界観を——たとえほんのわずかであれ——はぐくむことによって、われわれを感動させるのである。

人間の創造物についても同様である。たとえば、エジプトのピラミッドを崇高として見るには、この努力に含まれる（人間の）営為について推しはかる必要がある。スペースシャトルの打ち上げを目撃して興奮するのは、そこに人間の創意と技術力の痕跡を認めるからである。さらに米国では、テクノロジーの驚異を前にした際のこのような感情は、かなり古典的な形の愛国心を長きにわたって通過してきた。ナイは、テクノロジー的崇高に関する著作のなかでこのことを指摘している。

（7）厳密に読めば、カントの議論はほとんど堂々めぐりとなっている。というのも、それによれば、構想力を超える――したがって崇高な――現象の把握において、理性はいかなる認識も生み出さず、また――それ自身の能力という理念を除いて――いかなる理念もはぐくまないからである。反対に、理性ではなく崇高の感情がはぐくむのが、人間の外部にある理念であるだろう。カント自身、テクストのあちこちで、宗教的な信仰を暗示することによって――はからずも示すことによって――、このような堂々めぐりからの脱出を画策していた。「かくて、あらゆる感性的尺度は理性による大きさの評価に対して不適合である次第を内的に知覚することは、理性の法則と一致するものにほかならない。その件を知覚するのは一箇の不快であって、その不快が、自分の超感性的な使命にかかわる感情を私たちのうちに喚起する。その使命に従うならば、合目的的であり、かくてまた快となるのは、感性の尺度のいっさいが理性の理念に対しては不適合であるはこびを見出すことなのである」（*Ibid*., p. 199〔同書、二〇〇頁〕）。婉曲な表現からも理解されるだろうが、カントにとって崇高とは、この「超感性的な使命」によって、神的なものという理念を与えるものである。すなわち、構想力の挫折に直面したときに安心感を与える神的なものであり、人間理性のうちにも存在する神的なものである。ここで人間理性は、感性的なものから高まってゆき、ついには神的なものについて思考し、それを理解できるようになる能力と考えられている。

（8）Philip Shaw, *The Sublime*, London, Routledge, 2005, p. 83.

カントが、自然における絶対に偉大なものの経験を通じた理性の自覚を仮定していたのに対し、ケープ・カナベラルの巡礼者は、テクノロジーにおける絶対に偉大なものの経験を通じて愛国心を自覚する、というわけである[9]。

ここから、人間の構築物だけでなく、その破壊もまた崇高の感情を生み出しうるという主張まではほんの一歩である。そうした破壊に意味を与えることができる秩序——力——を見出したならば。

崇高と廃墟

「人は皆、密かに廃墟に惹かれている。」

シャトーブリアン[10]

『二八日後…』で提示される、放棄されたロンドンのシーンはいまや有名である。主人公のジムは二八日間の昏睡から目覚めたところだ。彼は打ち棄てられた病院で目を覚まし、そこを出ると、ロンドンの街からまったく人気《ひとけ》がなくなっていることに気づく。こちらでは横転したバスがなんらかの事故を連想させ、あちらでは紙くずに囲まれて地面に山と積まれた現金がなんらかのあわただしい出発を暗示しているが、原因は見えないままである。あたかも住民が、つまり人々が立ち去ったかのようである。骨と皮ばかりの状態のジムは、おそろしい顔で口を開けたまま、自分が見ているものを整理しようとする。彼にできるのは、注意の喚起やリアクションを期待して、街の交差点で「ハロー!?」と叫ぶことだけだろう。やがてわれわれは、荘厳な国会議事堂をちょうど背景にしてウェストミンスター橋を渡るジムを見る。一人の生存者もいない。ロンドンの観覧車、ロンドン・アイさえとまってしまった。静寂も空虚も不安を増大させる。ジムは、カスパー・ダーヴィト・フリードリヒの絵画に登場する旅人のように観客の眼差しを体現し、観客が彼の反応に同一化することを可能にする。

これらのイメージが衝撃的であるのは、ジムにとってだけではない。もはや容易に心を動かされることのなくなった観客にとっても、それは困惑させるものである。いつもはさまざまな往来で大混乱のロンドンが押し黙っているのだ。唯一の物音といえば、街を再び占拠したカモメやハトといった鳥たちの出す音であり、またジムが足を引きずる音である。

このシーンは、ゾンビ映画やアポカリプス映画でよく知られたモチーフ、つまり打ち棄てられた街というモチーフのいわば真髄である。ゾンビ映画は、概して街が生ける屍の襲撃によってほ

(9) David E. Nye, *American Technological Sublime*, Cambridge, MIT Press, 1994, p. 241.
(10) 以下を参照。Sophie Lacroix, *La Ruine*, Paris, Éditions de la Villette, 2008, p. 39.

とんど被害を受けないという点において、このイメージに独自の暗示的意味《コノテーション》を与えるものである。こうしてゾンビ映画はわれわれを、人間の文明が無傷のまま廃墟となったものと接触させる。この点で、崇高の感情を組織する破壊には、すでに問題がある。

無傷の街の崩壊について語ることはできるだろうか。それはつぎのことを理解するために必要となる。すなわち、ある街が打ち棄てられ、そこからあらゆる人間がいなくなったとき、この街が、場所としての身分——つまり都市性——を超えたところでそれを構成するようなものを思い起こさせるのみであるのはいかにしてか、ということを。打ち棄てられた街は都市生活の廃墟である。空っぽの貝殻状態である。人々やその活動、計画、欲望といったものが都市性を形づくっていたのであって、街、摩天楼、タクシーといったものは、お飾りに過ぎなかったのだ。このことが真に理解されるのは、ひとたび不在があらわれるときのみである。姿を消すことによって、人々は街をすたれものにしたわけである。

厳密に言えば、廃墟の持つ喚起力は、それがわれわれに破壊を示すことではなく、この破壊がある不在をちらつかせることに起因している。たとえば、ロマン主義の廃墟においては消滅した文明の不在が、アポカリプス映画やゾンビ映画においては人間の滅亡がそれにあたる。不在は、それが無や空虚ではなく、欠如へと送り返される点において、詩的な射程の広い概念である。喪に服す人はわれわれに言うだろう、不在の者はまだいたるところに現前していると。残っているごくわずかな痕跡に、彼が好んで座り、その身体の痕跡を支えたままであるような肘掛け椅子に、ナイトテーブルの上に置かれたままの眼鏡に。この意味において、不在を一つの否定的現前と考えるべきである。

フェディダはこのことを、不在に関する著書のなかで見事に指摘している。「不在は、それが現前を、つまり不在の者を——ほとんど幻覚的なまでに——維持するがゆえにつらいのだ」[11]。放棄された街がメランコリックであるのは、それが、街のいつものにぎわいを否定的に示す、あらゆる不在の人々で満ち満ちているからである。同様に、静寂が耳をつんざくのは、それもまた、場所についてわれわれが有している理解と断絶しているからである。廃墟についての試論のなかで、ソフィー・ラクロワはこのことを強調している。

廃墟はわれわれに、そこに存在しないものについて語る。廃墟はそれを想起させるが、再現することはできない。再び出会うことがけっしてない事物の不在は、その物言わぬ、しかしわれわれと通じ合う現前の中心的な発生地である[12]。

不在によって廃墟は、時間に、持続に、またそれによって偶然性に空間を開く。

---

(11) Pierre Fédida, *L'Absence*, Paris, Gallimard, 1978, p. 189.
(12) Sophie Lacroix, *La Ruine*, *op. cit.*, p. 55.

ロマン主義以来、廃墟と崇高は結びついてきた。廃墟の崇高がメランコリックであるのは、それが、旅人を文明——いまや廃墟と化したこれらの建物を築き上げたもの——から切り離す、取り返しのつかない距離に基づいているからである。ここで崇高は、あらゆる事物に働きかける時間の力に、観者を建物の建造された瞬間から切り離す距離に、建物の偉大さから永遠に切り離されているという感情に起因している。カントの語彙を用いるなら、構想力は、このような偉大さや、こうして失われたものの評価に挫折する。この崇高は、持続や消滅した全体性にかかわる問題なのだ。それがメランコリックであるのは、ロマン主義の遊歩者にとって崇高が、つぎのような理念に基づいているからである。それは、こうした建物の時代に戻ることができたら、遊歩者は、現在の彼に欠けていて、彼を悲しませているものをついに見つけるだろう、という理念である。メランコリーは、失われた全体性という幻想によって煽られるものなのだ。

認めなければならないが、ポストアポカリプス的な街の廃墟は、たとえ崇高の感情を喚起しうるとしても、ロマン主義的なものでは断じてない。ここで賭け金となっているのは時間でも失われた全体性でもないのだ。摩天楼や膨大な大通りを建設しえた文明がわれわれを魅了することがないのは、それがわれわれの時代のものだからであり、それから……われわれがそれをたいして誇りに思っていないからである。その崇高は、およそ別のものに起因している。

矛盾と理念

崇高についてまとめるなかで、フィリップ・ショーがたいへん適切な仕方で指摘していたのは、この感情は、主体が調停しえない矛盾と出会うときに生じる、ということである。彼は書いている。

> 崇高さが生じるのは、一連の思考の調和が問いに付されるときである。この意味において、続けてわれわれは、崇高のカテゴリーとは矛盾の別名であると主張してもよい。(13)
>
> カントにとってこの矛盾は、知覚と構想力の――空に広がる光の点とそうした広大さを想像することができないこととの――、また構想力と理性の――こうした広大さを推しはかることができないこととそれを理解することができる理性の詩心《ポエジー》との――断絶をしるしづけるものである。ロマン主義者たちにとって断絶が宿るのは、彼らのメランコリックな現在と時間の長期的持続――廃墟がその痕跡を保っているようなもの――とのあいだであり、眼前の廃墟になった城と、それらを築き上げた感嘆すべき、しかし目に見えない文明とのあいだである。

(13) Philip Shaw, *The Sublime*, London, Routledge, 2005, p. 149.

ゾンビ映画にとっては、矛盾はむしろ、概して人でごった返して騒がしい、煮えたぎるような西洋の都市性と、誰もおらず静かな、打ち棄てられた街のあいだで表現される。ある力や永続的な運動によってつき動かされているように感じられる西洋と、その奇妙な停止とのあいだということである。ここから構想力は挫折し、こうしたすべてのことを評価したり、それに意味を与えることができなくなる。崇高とは、この破壊の結果である。なぜなら、この破壊は目に見えず、その意味において、位置づけることも、限定することも、枠づけることもできないからである。街の静けさは、惨劇の展開についてのあらゆる説明を奪い去り、観者を一人きりで不可解な出来事に直面させる。この不在、空虚、静寂は、ある決定的な、悩ましい問いを生ぜしめる。なにが起こったのか、という問いである。いかにして人類を絶滅しえたのか、というだけでなく、まさにより根本的なこととして、人類以外のあらゆるもの――インフラや動物など――を傷つけることなく、いかにして人類を大量に殺戮しえたのか、という問いである。ゾンビ映画の大部分が、廃墟と化した街を表象する際に、廃墟を生ぜしめた破壊ではなく、その結果のみを提示するよう気を配るのは、驚くべきことではない。そこでは、想像を絶するものがはっきりと描かれているのだ。(14)

ゾンビ映画が気を配るのは、感染の第一原因に関する曖昧さを保つことである。火星から帰還した人工衛星の大気圏への落下、失敗した遺伝子操作、盗まれた生物兵器計画。予想外のことが起こったのだ。伝染病とは自然のエラーであり、また、罰や乗り越えられた境界といった印象をしばしば与える。ここで言う境界とは、たとえばさまざまな種のあいだのそれであり（『ブレインデッド』『アウトブレイク』）、生者と死者のあいだのそれである。あまりに遠くまでいった、もしくは魔法使いの弟子のまねをしようとしたという理由で、人間は徹底的に罰せられる。それゆえ、境界の乗り越えとその奇妙な帰結とのあいだに、さまざまな種の混合と厄介な伝染病とのあいだに、ショーの語っていた不一致が残っているわけである。

この人間の破廉恥に対するあらゆる罰のうち、理由はわからないが、最後の手段として死者はよみがえる。ほかの映画ならば、あらゆる低年齢児の死や、地球上のすべての人を盲目にする病気といった他のカタストロフを活用変化させるだろう。ゾンビ映画の特徴は、伝染病の結果にほとんど真実味がないところにある。こうした伝染病はきっと、よくありそうなものではない。これが、伝染病が、後に見るようなより一般的な隠喩的価値——終わりのときをめぐる幻想をあらわすという価値——を獲得する理由である。

（14）それは、われわれがイメージを持たないものであり、境界も形態も持たないものであり、バークの言い方に倣えば「暗闇」である。廃墟と化した街の経験がおそろしく、かつ崇高であるのは、それが、「言語や〈他性〉や生そのものが、まもなく終わりにいたることを告げる」からであるように思われる（Philip Shaw, *The Sublime, op. cit.*, p. 121）。

崇高の意味——世界の終末の反芻

ゾンビ映画における不一致が、カントにおけるように崇高の梃子となるのは、それが映画に意味や影響力を与えるより大きな「枠組み《フレーム》」、理念、幻想といったものの一部となることによってのみである。[15] この意味で、人間文明の破壊が崇高であるのは、その破壊が暗示するのが、思考においてはしばしば不明瞭であるが、しかし現代とはうまくかみ合っていないような理念であるからにほかならない。いまわれわれが生み出すべきなのは、こうした逆説的な幻想であるのだ。

このことをよく理解するためには、子どもたちに目を向ける必要がある。彼らは、好奇心からにせよフラストレーションからにせよ、故意にものを壊す。ゾンビ映画は、それがさまざまなメディアを漂っているおそれに活気を与えるものであるという点において、この二つの源泉、二つの意志の合流地点にまさに位置づけられる。そのおそれとは、世界は死に瀕しており、その責任や罪が帰されるのはわれわれではないか、というものである。こうした感情の混合からは、かなり爆発性の高いカクテルが生まれる。

終末は近いのだろう。マヤ暦のある軽率な解釈が二〇一二年を終わりのときと予言しているだけでなく、いっそう根本的なことには、われわれは西洋文化において名の通った黙示録的言説をもはや評価していない。このような感覚は、二〇世紀のさまざまな大惨事から引き出されるし、また、主体を支配し、その環境を徐々に破壊しつつある資本主義の論理を前にして、いまやみずからは無力である、という主体側の感覚からも引き出される。

なるほど、衰退の時代を生きているという感覚は新しいものではなく、ヘシオドスは、紀元前八世紀末にすでに、みずからが鉄の時代を生きていると考えていた。それは諸時代の最後にくるものであり、また、やがてカタストロフへといたるに違いない、道徳のゆるやかな退廃の帰結である。現代の言説は、この道徳的退廃の感覚に新たな側面を混ぜ合わせる。われわれはここで、そのうちの二つに言及しよう。すなわち、地球を破壊することができるほどの最近のわれわれの能力と、西洋および世界経済における社会的不平等によって中断された成長である。(16)

われわれの状況についてのこうした絶望的な考えは、現代の環境をめぐる言説にとりわけ顕著である。地球は死に瀕しており、われわれはそれにとどめの一撃をくらわした——あるいは、そうした身振りが差し迫ったものとなっている——、というわけである。われわれは、世界が危機

(15) 枠組み《フレーム》と崇高の関係という問題や、理念による崇高の枠づけ《フレーミング》については以下を参照のこと。Jacques Derrida, *La Vérité en peinture*, Paris, Flammarion, 1978〔ジャック・デリダ『絵画における真理（上）』高橋允昭・阿部宏慈訳、法政大学出版局、一九九七年〕.
(16) 九・一一の数ヶ月前に出版された著書『文化的悲観主義《ペシミズム》』においてオリヴィエ・ベネットは、つぎのような言説のかなり完璧な目録を作成していた。それは、西洋の衰退という論理や、また、多かれ少なかれゆるやかな西洋の最期という論理を反芻する言説である。Oliver Bennett, *Cultural Pessimism; Narratives of Decline in the Postmodern World*, Vancouver, University of British Columbia Press, 2001. これ以降のページおいて、われわれは彼の結論の多くを敷衍することになるだろう。

に瀕して揺れ動くほどまで環境の均衡を崩してきたし、複雑でゆっくりとした、しかし最終的には破滅をもたらすようなメカニズムを始動させてしまったのである。温室効果、気候の温暖化、生物多様性の破壊、大気汚染。人間が環境にのしかからせる脅威は多様化しているが、その大半が引き起こすのは、ある長期的な影響であり、また「人間は、いまやみずからの破壊行為を自覚しながらも、惨禍をとめるためになにもしていない」という感覚である。地球を人間になぞらえるならば、それは根本的に病んでおり、われわれは今後もそれに毒を盛り続けるだろう。家庭におけるリサイクルを石油の流出と同列に並べ、入浴や洗車を環境への産業投棄や瀝青性の砂と同列に並べるならば、象徴的には、われわれは皆等しく有罪である。今日の文化においては、部分的な有罪性なしには、いかなる悲観主義《ペシミズム》も黙示録的言説も存在しないかもしれない。パスカル・ブリュックネールはこのことを指摘している。

現代の専門用語《ジャーゴン》において有名なカーボンフットプリントがなにを意味しているのか考えてみよう。それはわれわれ各人が背後に残してゆくものである。したがってカーボンフットプリントとは、われわれがただ存在しているだけで、呼吸しているだけで、われわれの〈母なるガイア〉に押しつける汚点の、つまり原罪の気体状の等価物以外のなんであるというのか。(17)

社会的なものであれ、政治的なものであれ、文化的なものであれ、現今の状況に関するこうした有罪性はいたるところで醸成されている。

それは、二〇〇〇年代半ば以降、とりわけ悩みの種の一つとなってきた経済についても同様である。平凡な誰かさんでもよく知っていることは、富者と貧者の不均衡が顕著になってきているということであり、富者はますます富者となり、子どもがふざけて思いつくような額――つまり何十億ドル――と推定される資産を保有しているということであり、一方で中流層は購買力の減退を目のあたりにしているということである(18)。また同時に、もしわれわれが、これらすべてのことに十分気づいていたとしても、経済はわれわれには、かつてないほど巧妙なゲームのように思われる。その規則はわれわれの理解を超えており、また、プレイヤーたちの理解も超えているように見えさえするのだ。ブローカーの金融スキャンダルや、さらにはアメリカにおける融資スキャンダルがよく示しているのは、経済があまりに複雑な構造になるのに伴い、必ずしも違法ではないにせよ、間違いなく不道徳ではあるようなさまざまな取引を可視化することができなく

(17) Pascal Bruckner, *Le Fanatisme de l'apocalypse*, Paris, Grasset, 2010, p. 12.

(18) この点について、オリヴィエ・ベネットはつぎのように指摘している。「実際、一九九〇年代までに大多数の家庭が気づいていたのは、一九七〇年代初頭にある家庭が一人のパートナーの収入から得ていたであろうものを彼らが稼ごうと思ったら、パートナーの双方が有給の仕事を見つける必要がある、ということである。ある信頼に足る推定によれば、当時でさえ、ダブルインカムの家庭の六〇パーセントにとって、二番目のパートナーの稼ぎによる追加分では、一番目の収入の減少を補填することができなかったという」(O. Bennett, *Cultural Pessimism*, *op. cit.*, p. 159)。

なってしまった、ということである。政府はいまや、完全にお金や私利私欲の意のままになっているように思われるし、とめることのできない、不公正でゆがんだ世界の歯車となっているように思われる。

悲観主義《ペシミズム》のこれらヴァージョンが始動し、到達点を見出すのは道徳的悲観主義《ペシミズム》のうちである。もし世界が破滅の危機にあるとしたら、なぜそこでなにかを築き上げようと、それに打ち込もうとするだろうか。西洋を襲った相対主義は、たんなる個人的関心やフラストレーションを超えた価値観に基づくあらゆる行動を困難にしている。われわれはもはや、学校が子どもたちに価値観を伝えられると考えていないし、あらゆるものを商品化するテレビをおそれているし、交友関係を結ぶことができず、またその隔たりゆえに不穏に思われる隣人をおそれている。現代の悲観主義《ペシミズム》は、それが他者との関係における疎外感という一般的な感覚をあてにしうるだけいっそう不気味であるように思われる。(19)『24 -TWENTY FOUR-』のような完全に偏執的《パラノイア》なテレビドラマシリーズは、こうした不安げな言説を表現すると同時に、それに養分を与えている。

この不安や悲観主義《ペシミズム》は、ついにはさまざまな時間性を混同するようになり、われわれにつぎのような印象を与えるようになる。すなわち、もはや軌道修正するには遅すぎるというだけでなく、われわれはすでにポストアポカリプスの時代にいるのだ、という印象である。われわれは西洋文明の廃墟に囲まれて暮らしていて、その灰を運び去る風を待っているのだ、というわけである。そこから、エゴイズム、自己への再中心化、たんなる生存といったものを必然的なものとする自然状態への回帰の感覚が生まれ、次第に意識やメディアへと広がってゆく。クリストファー・ラッシュは、近著のうちの一冊でこうしたことを研究している。

純粋かつ強硬なサバイバリストが大災害に備える一方で、われわれの多くは、あたかもそうした大災害がすでに起こってしまったかのように日々の暮らしを送っている。われわれは、あたかも「不可能な状況」を、抗いえないように見える環境を生きているかのように振る舞うのである。[20]

(19) マルセル・ゴーシェは、『現代個人主義試論』においてつぎのように指摘している。「そして、他者との距離を調整しうる象徴のメカニズムが存在しないために、他者が脅威に感じられうるのだということがわかる。他者は遠すぎることもあれば、とても近いこともある。他者は近づくやいなや危険なものとなる。というのも、それをどの場所に固定すればよいのかわからないからである」(M. Gauchet, *La Démocratie contre elle-même*, Paris, Gallimard, 2002, p. 260)。

(20) Christopher Lasch, *Le Moi assiégé. Essai sur l'érosion de la personnalité*, Paris, Climats/Flammarion, 2008, p. 93〔クリストファー・ラッシュ『ミニマルセルフ――生きにくい時代の精神的サバイバル』石川弘義・山根三沙・岩佐祥子訳、時事通信社、一九八六年、一〇五頁〕. 彼はまた、つぎのようにも指摘している。「迫り来る大災害は、日常的な心配事に、たいへんありふれた、おなじみのものになったため、もはや誰も、いかに大災害を防ぎうるかということについて、それほど考えることはない。その代わりに人々は、生存戦略、自分の寿命を延ばすための方策、健康や精神の平穏を保証する計画といったもので忙しい」(*The Culture of Narcissism*, New York, W. W. Norton & Company, [1991] 1979, p. 4〔『ナルシシズムの時代』石川弘義訳、ナツメ社、一九八一年、二一頁〕)。

ラッシュの言説はおそらく極端で悲観的なものであるが、しかしそれは、メディアが絶えず反芻するような、またゾンビ映画のなかでその極端なヴァージョンが示されるような、そうした状況と完全に符合している。ゾンビが殲滅しにやってくるのは、こうした不安定な生存状態――われわれ自身の時代の模作《パスティーシュ》――であり、そのことがわれわれに至上のよろこびを与えるのだ。

好奇心とストレス解消

ゾンビ映画において生存者たちは、伝染病の観点からおそれに震え、生者からも死者からも、つまりあらゆるものから身を守る。社会組織は分裂し、お金さえまったく価値を失う。農業は中断し、発電所は放棄され、いくつかのラジオだけがまだ放送している。しかし、そこで伝えられるメッセージは信頼に足るものだろうか。もしそれが、お人好しから食料や武器や薬を奪うことをねらった罠だったら？　ガソリンの供給は長いこととまっており、大半のガソリンスタンドは蛻《もぬけ》の殻である。見えるのは、動かない自動車の列、つまり街を離れようとした人々の痕跡だけだろう。

見知らぬ者は皆、潜在的な敵であり、友人は皆、潜在的な生ける屍である。残るのは、大切な家族の成員だけである。夫でさえ、危険な場合には妻を見捨てることが十分ありうるだろう。心の支えや唯一の愛着としては、あらゆる理由を超えたところで根拠を持つものとしては、血縁だけが残る。この血縁が、コミットやリスクの真の場となる。いずれにせよ、他人の意図はつねに疑わしいものであるのだ。無私無欲の身振りは慎みを欠いたものに思われるだろう。貧しい土地における贈与は、犠牲的行為やマゾヒズムの一形態に見える。頭のおかしい者の身振りである。だから、価値があるかもしれないものはすべて自分のすぐそばにとっておくほうがよい。主人公たちは、奇妙なホームレスのように思われる。

　こうした状況においては、護身手段を持つことは必須となる。火器は安全性《セキュリティ》の零度であり、刀剣類は最後の手段でしかない。買い出しにゆくとき以外、人が密集している場所を避けることは、頻繁に繰り返される命令である。このような危険に立ち向かう場合、まず発砲し、それから質問するほうがよい。とりわけ典型的なのは、『ナイト・オブ・ザ・リビングデッド』の主人公ベンが、地元の自警団のパトロール隊によって射殺される瞬間である。著しく下品で、大いに粗暴でもある自警団員は、それにもかかわらず平均余命が最も長い者たちである。彼らは、本作の逆説的な道徳となっているように思われる。自然状態と平等の両立という、人間の条件の零度にまつわるパラドックスである。誰もがみずからの欲望や生存への意志に支配されている以上、あらゆる者は平等である。もはや特権は存在せず、歴史も存在しない。各人は自分にとってよきものを評価するのであって、各人がその唯一の審判であるのだ[21]。

＊＊＊

よく見てみれば、ゾンビ映画は、不安定な生存を描くだけでなく、そうした生存の絶滅を提示してもいる。作品は、自然状態のなかではじまる、あるいは展開する。『ナイト・オブ・ザ・リビングデッド』で主人公たちが一軒家に閉じこもる古典的なシーンや、『ゾンビ』で幾人かの生存者がショッピングセンターに立てこもるシーン、それから『二八日後…』のほぼ全編といったものを考えてみよう。いずれの場合においても、作品は、生存反射によって憔悴した人間共同体を描いている。たとえば、ゾンビ映画のなかでもきわめて名高い『ザ・ロード』は、おそらくこの系譜を最も代表するものである。作品の全体的な筋立ては、主人公のつぎのような問いに基づいている。それは、もしわれわれが終わりのときにいたってしまったとしたら、自然状態へと回帰しているとしたら、なぜわれわれはまだ生きているのか、というものである。ゾンビの襲撃、さらには他の生存者たちの襲撃は、この不安定なバランスを取り返しのつかないほど動揺させ、また物語を解決するにいたるだろう。

　こうした絶滅は、気のめいる状況からの脱出——メタファー的に形象化されたものではあるが、なんとも喚起力のあるそれ——を提示することによって、われわれのストレスを解消する。それは、われわれ自身の不安、悲観主義《ペシミズム》の波、罪悪感といったものと反響することによって、われわれのストレスを解消するのである。おそらくは生ける屍の群れによるものであろう、スクリーン上の破壊された文明は、環境保護を訴える言説の多くが言及するこの瀕死の惑星を、あるいはまた、全住民を養うことができないこの人口過剰の惑星を思い起こさせる。ゾンビ映画が描くのは、メディアがわれわれをおどすところの世界の終末であり、この映画はわれわれが縁に立っている断崖の、またそこからの落下の図説《イラストレーション》となっているのである。

驚くべきことに、こうした落下を見ることはわれわれを落ち着かせる。それは、当然のものと感じられるような罰を連想させる。メディアが説教するのはこのことなのだ。われわれがおどされているところの罰を願うことによって、われわれは、みずからの運命を——その喪失に向けて加速させるためであれ——少なくとも再び掌握したのである。この論理には名前がある。つまり悲観主義《ペシミズム》である。

死の欲動とストレス解消

悲観主義《ペシミズム》とは無力感の言い換えにすぎず、われわれはこの不能状態から逃れようとすることなくそこに長くとどまることはできない。どうしようもない無力感に直面したとき、われわれ

---

(21) ツヴェタン・トドロフは、ホッブズとマキャヴェッリの思想を説明するためにこのことを述べている。「[……]人間が他人を配慮するのはただ見かけだけであり、公的な道徳の要請を踏み外さないためである。実際には、人間は純粋にエゴイストで私欲にとらわれた存在であって、彼にとってほかの人間とはライバルか障害物にすぎない」(T. Todorov, *La Vie commune. Essai d'anthropologie générale*, Paris, Seuil, 1995〔ツヴェタン・トドロフ『共同生活——一般人類学的考察』大谷尚文訳、法政大学出版局、一九九九年〕)。

は、犠牲的な仕方でしかないとしても、なんらかの優位性を再び与えてくれるような象徴的な姿勢を取ろうとする。人間という奇妙なクリーチャーにとっては、現実よりも、みずからが現実に対して持つと信じる支配力のほうが重要なのである。病人は、他の者のほうが自分よりも悪い状態だと考えるだろう。[22] 欲望の対象を手に入れることができない者は、結局自分はそれを欲していなかったのだとみずからを納得させようとするだろう。また他の者たちは、しばしばほかの解決法がうまくいかなかったときに、はるかに厄介な方法に頼ることになるだろう。

フロイトは、快原理の彼岸に死の欲動が存在するという仮説を立てた。死の欲動とは、主体を不明瞭な原初的状態に連れ戻すことを望むものである。ジークムント・フロイトはつぎのように指摘する。

> われわれは、［快原理］はいつでも、ある不快な緊張に刺激されてはじまり、ついで、最終結果がこの緊張の低下に合致するように、つまり、不快を回避し快を産出するように、舵取られ経過してゆく、と信じている。[23]

死の欲動は、快原理を超えて、快原理の論理を崩壊点へといたらせる。死とはまさに、あらゆる緊張の最終的な鎮静化であるのだ。

この概念は、そこに主体がみずからの死を願う仕方を主として見ることによって、しばしば単純な形で解釈されてきた。だが、こうした読解はフロイトのテクストそのものの理解を難しくする。実際、こうした死の欲動の定義から出発して、心的外傷後ショックに服した主体における反芻についてどうしたら理解できるだろうか。フロイトが、トラウマを負った主体の反復的・強迫的なイメージを説明するのに、子どもの遊びを参照していたことをどうしたら理解できるだろうか。

フロイトの孫は、母親が出かけて家に一人で残されたとき、糸巻きを遠くに放り投げ、それから自分のところにたぐり寄せる、ということをする。したがって、不在の母親がたんなる糸巻きによって象徴化されているのである。こうして母親の外出と帰宅は、突発的な演出家である子どもによって形象化される。彼はこの困難な状況を表現する仕方を思いついたわけだが、それだけではない。彼は、象徴的な形にすぎないとはいえ、つらい状況を制御しなおす方法をみずからに与えたのである。フロイトは指摘する。「体験の際には子どもは受け身であって、体験に子どもはみまわれた。それがいまや、不快なものである体験を、不快であるにもかかわらず、遊びの劇として反復することによって、子どもは自分に能動的な役割を果たさせようとする」(24)。そこから

(22) この点については、以下の興味深い研究を参照のこと。Oliver James, *Britain on the Couch : How keeping up with the Joneses has depressed us since 1950*, Londres, Vermillon, 2010, p. 82-125.
(23) Sigmund Freud, « Au-delà du principe de plaisir », *op. cit*, Paris, Payot, 2001, p. 49〔ジークムント・フロイト「快原理の彼岸」、前掲書、五五頁〕.
(24) *Ibid.*, p.60〔同書、六五頁〕.

フロイトは、より一般的な仕方でつぎのような結論を引き出している。

なにか印象として残るものを心的に加工し満足のゆくまで制圧しようという衝迫が、一次的に、そして快原理から独立して表明されうるものなのかどうかは、こうしてどうも疑わしくなる。(25)

拒食症患者や心的外傷後ショックの犠牲者がわれわれに示すように、死の欲動が含意するのは死ではなく、もっと単純に、あらゆる快や、さらにはあらゆる自衛意志にさえ逆行するような気持ちの高まりである。死の欲動は、支配感や、さらにはあらゆる力の感覚にさえごくわずかな場しか認めようとしないところからもたらされる。ある強迫性障害者がわれわれに教えるところによれば、このとき、自制への意志はそれ以外のあらゆるものに勝るのであり、あらゆる欲望を押しつぶし、すべてを均衡状態にする。

文化もまた、こうした論理によってそれなりにつき動かされており、またそれは、逆説的な方法を提起することによって、筋道が探し求められて久しいこの不明瞭な時代において、そうした筋道を見出そうとしている。われわれはすでに、崇高の感情を通じて、滅亡への意志や憧憬といったものの手がかりをつかんでいた。滅亡は、現代の主体が抱える不安やメディアの悲観主義《ペシミズム》を解消するものであるようにわれわれには思われるのだ。

言い換えるならば、われわれの一部は人類の滅亡を、われわれに通常押しつけられている現象を制御しなおすための――メタファー的な――仕方として願っている。アポカリプスの夢想が死の欲動として機能するのは、たんにそれが人類の滅亡を含意するからというだけではない。この夢想によってわれわれは、みずからの受動性――社会的・政治的な受動性、またその他の受動性――を断ち切ることができるのである。人類の終焉はわれわれの復讐となるだろう。われわれはもはやその犠牲者ではないのだ。というのもわれわれは、少なくとも想像のうえではそれを夢に見て、願ったのだから。かくして人類の終焉は、われわれのストレスを解消するものとなりうるだろう。アポカリプス映画はわれわれにそうした幻想を見させる。そこでフィクションは、想像上の復讐を可能にするのである。

フィクションを通じてストレスを解消すること

アリストテレスのカタルシス概念について、われわれが知っているのはごくわずかのことだけである。いくつかのフレーズ、より正確には二つのフレーズが現在まで伝わっており、そのほかのもの――いまや失われた『詩学』第二部に収められていたはずのもの――については、なにも

(25) *Ibid.*, p.61〔同書、六六頁〕.

知られていない。

この概念の解釈において最も重要な役割を果たしているのは、「悲劇とは、あわれみとおそれを通じて、そのような感情の浄化［カタルシス］を達成するものである」[26]という、しばしば引用されるフレーズである。カタルシスとは不快な感情を快に変えるものである。しかしながら、この変換の手段や方法については、今日においてもなお議論が尽きない。カタルシスはときに、模倣《ミメーシス》の能力に由来するとみなされる。ある事物の表象は、それを単純化された、理解しやすい形で定式化することによって、主体が悲劇という鏡のなかにみずからを——われわれや、われわれの惨劇や不安を——再認することを可能にする[27]。カタルシスには暴露の力があるのである。

しかしながら、非常にしばしばなされるのは、医学やエネルギーの論理に照らす形でカタルシスについて思考することである。カタルシスはホメオパシー的な特性を持ち、苦痛による苦痛の浄化を可能にするだろう。すなわち、魂がつらい情念と向き合い、そこから自由になることができるように、微量の苦痛を服用するのである。そもそもこうした論理は、エネルギー論ということで言えば、フロイトがヒステリー研究のなかでカタルシスに与えた意味からそれほど遠くにあるわけではない。その意味とは、催眠という状況下で生み出され、主体を無意識の苦痛から解放するような情動の放出というものである[28]。

ギリシア悲劇からヒステリーの治療にいたるまで、詩学から精神分析にいたるまで、カタルシスは問いと探究のための広大な場であり続けている。アリストテレスのいくつかの断片が唯一の鍵として機能するようなたんなる解釈学的な読解から抜け出して、それを人間学的な操作概念にするならば、カタルシスは、現代におけるわれわれとイメージとの関係や、イメージがもたらす恐怖や快へのわれわれの熱狂を理解する助けとなりうる。

『イメージの暴力』においてオリヴィエ・モンジャンは、現代の暴力的なイメージを分析するために用いられる際のカタルシス概念からは距離を置いている。彼は指摘する。

(26) Aristote, *Poétique*, Chapitre VI, 449 b 27〔アリストテレース『詩学』松本仁助・岡道男訳、岩波書店、一九九七年、三四頁〕.

(27) このような解釈の代表者であるジャン＝ピエール・ヴェルナンは、『古代ギリシアにおける神話と悲劇』においてつぎのように指摘している。「悲劇はフィクションを上演するのであるから、それが舞台上に見せるつらくおそろしい出来事は、現実の場合とはまったく異なる効果を生み出す。それらの出来事から解放された観客にあっては、出来事は、それが日常生活において生み出すおそれとあわれみの感情を「浄化する」。出来事が感情を浄化するのは、感情をたんにいだかせるのではなく、劇の構造を通じて感情に、体験によっては得られない知解可能性をもたらすためである。単純化、凝縮、体系化という形で純粋化を行うシナリオの論理を通じて、個別的なものや偶発的なものといった不透明さから引き抜かれることによって、普通なら嘆かれ我慢されるような人間の苦しみは、悲劇的なフィクションという鏡のなかで理解の対象となる」(Jean-Pierre Vernant et Pierre Vidal-Naquet, *Mythe et tragédie en Grèce ancienne*, tome II, Paris, La Découverte, 2004, p. 88-89)。

(28) Étienne Souriau, « Catharsis », *Vocabulaire d'esthétique*, Paris, Puf, 2006, p. 327-328.

［現代の暴力イメージが］恐怖や（犠牲者に対する）あわれみを快に変えることはめったにない。それが生み出す漠然とした恐怖は、浄化を促進するような適切な距離をとることを許さないのだ。それもそのはずである。現代におけるイメージの暴力は、ミュトス（物語）の常道から外れることが非常にしばしばであって、またそれ自体浄化されたものを観者の眼差しに提示しようとはしないからである。現代の感覚鈍麻――わたしの考えでは、それは歴史的な暴力自体の変容と不可分である――は、カタルシスの二重の挫折に似た性質を帯びる。すなわち、散漫で不明瞭な暴力によって曇らされた眼差しの挫折と、それから暴力を浄化しうる物語による暴力の「配置」の挫折である。[29]

モンジャンの分析は厳密であり、また、そのカタルシスの定義は彼の争点に対して十分忠実であるものの、われわれは、彼が予告するようなカタルシスの消滅については疑問をいだかざるをえない。確かに、暴力の表象が、浄化をもたらしうるような劇的な仕組みによって枠づけられることはもはやそう多くない。われわれの社会における見境のない暴力は、現代の気晴らしと一続きのものである。だが、この見境のない暴力のくぼみにおいて、それに反して、ある悲劇的な破壊の暴力もあらわれるように、われわれには思われる。この悲劇的な破壊の暴力は、否定的な物語、つまりアポカリプス的な幻想という物語によってもたらされる。

確かにゾンビの暴力は「散漫」で「不明瞭」ではあるが、しかしそれは世界の終末という物語がもたらすものである。この物語は、特異な、しかし確かに現実のものである浄化を提示する。実際、近年の精神分析的アプローチのいくつかに従って、カタルシスを、その帰結を生きる義務なく幻想に向き合うことを可能にする――そして、この意味において崇高概念の最も近くにある――ものだとすれば、またカタルシスを、主体を欲望の正常さに関して強固にすることによって彼を落ち着かせるものだとすれば、ゾンビ映画はまさにカタルシス的なものとして見られるべきである。(30)

これが、崇高、カタルシス、死の欲動といったものがわれわれにとって、互いに無関係の概念では――もはや――なく、現代のわれわれの気晴らしのうちで協働している理由である。カタル

(29) Olivier Mongin, *La Violence des images, ou comment s'en débarrasser*, Paris, Seuil, 1997, p. 148.

(30) ラカンは、『精神分析の倫理』において、悲劇の英雄と観客の関係を分析しながら、つぎのことを強調している。「観客はつぎの点に目を開かされます。それはみずからの欲望の極限にまで進む人にとってさえ、すべてはバラ色ではないということです。同時に観客はつぎのことにも目を開くのであり、これが本質的です。それは、欲望の極限まで進むことと対立する慎重さの価値です。つまり、この危険は道の途中にとどまらせている好都合な理由、愛着、カントの言うパトロギッシュな関心はまったく相対的なものではあるが価値があり、これらが欲望の極限にいたる危険な道から人を引きとどめている、ということです」(Lacan, *L'Éthique de la psychanalyse, Séminaire livre VII*, 1959-1960, Paris, Seuil, 1986, p. 372-373〔ジャック・ラカン『精神分析の倫理(下)』小出浩之・鈴木國文・保科正章・菅原誠一訳、岩波書店、二〇〇二年、二三七頁〕)。しかしながら、もしゾンビ映画に固有のものがあるとすれば、それはまさに英雄の不在である。悲劇的であるのは、すなわち、予想可能だが不可避の、ある確実な結末へといたるのは、物語の筋《プロット》自体であるのだ。

シス的なフィクションという観点から、人類の終焉がわれわれを魅了し、崇高に思われるのは、この終焉が、世界の秩序に対する象徴的な復讐をわれわれに提示し、ある特異な死の欲動をはぐくむからである。

われわれがこのような映画を楽しむのは、それが空虚でグロテスクな敵によって破壊された文明を描いているからである。世界の曖昧さ、われわれの未来の不確かさ、われわれが地球の運命を思う際の漠然とした罪悪感といったものを前にして、ゾンビ映画はわれわれを楽しませ、安心させる。そこにはもはや、罪悪感も恐怖もない。二時間のあいだ観客は、これらの表象が観客に向かって薄ら笑いを浮かべるのを眺めるのである。この世の終わりを目のあたりにすることは、軽い眩暈と、それから安心感を引き起こすのである。(31)

---

(31) フロイトはさらに付け加えている。「成人の行う芸術的遊戯や模倣は、子どもの振る舞いとは異なり、鑑賞する人物をターゲットとするのであるが、たとえば悲劇において、鑑賞者に苦痛極まりない印象を与えることをいとわず、そうでありながら、鑑賞者が高い満足を感受するということも、心にとどめておくべき点として付け加えておこう」（Sigmund Freud, *Au-delà du principe de plaisir*, *op. cit.*, p. 62〔ジークムント・フロイト「快原理の彼岸」、前掲書、六七頁〕）。

開示

「君が空談や企投へと逃げ込まなかったら、不安は君の好機（予感という好機）となっただろう。」

ジョルジュ・ディディ＝ユベルマン『ペストについての覚書』

われわれは、少々熱に浮かされた現代や悩める精神という森の散歩から戻ってくる。われわれは仄暗い片隅を目にしたが、そこで人間は、みずからの存在ではなく、存在の意味を、行為の射程や思考の必要性を疑っていた。われわれが出くわしたのは、陽気であると同時にもの悲しい、奇妙な祝宴、饗宴である。それが陽気であるのは奔放な精神ゆえであり、もの悲しいのは明日がないからである。居心地悪くも愉快でもあるこの森はわれわれを、われわれ自身の最深部へと、つまりわれわれの最も暗い感情――有罪性がフラストレーションと、ついで破壊と相伴うような感情――のくぼみへと沈み込ませた。

なるほどゾンビは風変わりなガイドであった。そのゆっくりとした、引きずるような足取りや、徘徊やためらいについてゆくことからわれわれは、現代をめぐる複雑で多義的なイメージを受け取ってきた。その眼に映し出すことによって、また、そのメタファーを書き換えなおすことによってさえ、ゾンビはわれわれに、とりわけ陰鬱な、ほとんどたがのはずれた世界を提示するのである。

ここから、ゾンビとは流行の影響を受けたものというよりも、時代の、その問いや疑いの影響を受けたものであることがわかる。そのとき、われわれにとって身近な映画におけるゾンビの存在は、別の意味を帯びるようになる。それはいまや、気晴らしから徴候になりうるのである。

* * *

かくして、映画やビデオゲームへの脱出は、われわれの大部分にとってたいていは気晴らしにとどまっている。それは健全なことである。われわれは、みずからの人間の条件を支えるためにフィクションの助けを必要とする。[1] われわれは、日常とよりよい関係を築き、そこによりよい場を（再び）占めるために、日常から切り離される瞬間を必要とする。フィクションとは息つぎであり、世界に別様のリズムをつける仕方なのだ。

フィクションはまた、好奇心旺盛な精神に解釈の梃子を、われわれを取り巻く世界を一心に見つめる仕方を与えるものである。われわれもそれを必要としている。現代とは、われわれのたいへん近くにあるにもかかわらず、われわれから逃れ去るものである。それは、われわれの身振りの一つひとつ、思考の一つひとつとあまりにもぴったりくっついているのだ。ジョルジュ・バランディエは、まさにこの困難に言及し、それを近代性の諸悪の一つとさえしていた。

近代性は不安にさせ魅惑する。それは、その見かけの向こうにあるものを見抜かなければ理解することができないのだ。現在とはつねに眺めがたいものであるが、近代性はこの困難を際立たせる。その責めが近代性に負わされるような危機とは、まず解釈の危機であり、自由に使える理論的システム（「大きな物語」と呼ばれていたもの）は使い尽くされたり異議を申し立てられられたりし、モダニズムのレトリックは無知や無能をごまかし、解読にはほとんど寄与しない。未知のなかを進むには足もとを照らさねばならないし、この前進は、それに寄与しうる分野から借用するような迂回からはじまるのである。[2]

彼としても、現代について考えるための張り出しをわれわれに与えうるようなさまざまな迂回を提案していた。彼の選択は、現代の世界を抜け出し、それを異質な経験から出発して観察しうるようにする人類学となったが、他の方途も可能であって、その一つにフィクションがある。そ

（1）以下も参照のこと。Maxime Coulombe, *Le Monde sans fin des jeux vidéo*, p. 129-139.
（2）Georges Balandier, *Le Détour. Pouvoir et modernité*, Paris, Fayard, 1985, p. 15.

もそもバランディエは、解放的な役割を果たすフィクションに関して、それは「未来を想像によって探査するものであり［……］、すでに存在する形式――とりわけ、技術の力や新たな権力に由来する形式――を未来に投影することによって、その展開やきたるべき結果を見せるものである」(3)と書いていた。われわれはこのような道を延長するべきであり、また、一般的な仕方ではフィクションに、より特定の仕方ではイメージに、こうした分析的な迂回がはっきりと可能であることを示すべきである。

＊＊＊

もし現実が所与のものではなく、解釈すべきものであるのなら、フィクションは大きな助けとなることがわかる。それは相補的かつ相反する二つの理由からである。まず、われわれが第一章で見たように、フィクションは、あらゆる事物と同様、それをつくり出した手の痕跡をとどめ、保持しているからである。メタファーを敷衍して言うならば、フィクションはわれわれに、この手についての情報を与えるのである。ある芸術家の絵を眺めることで彼の心《プシュケ》を解釈することができるのと同じく、ある社会が生み出した想像物を観察することで、その文化を、また次第に、その社会を解釈することができるようになる。

　同時に、フィクションの対象――いわんや想像物――が、そのメタファー的な性質によって、われわれが現代について考える助けとなりうるのは、対象がわれわれから隔たっているからである。ゾンビはこのことを見事に説明している。すなわちゾンビとは、われわれの文化の落とし子ではあるが、極端でずれている形象でもあって、また、その点において愉快で滑稽で楽しい形象でもある。したがって極端なものは、こうしてわれわれの日常から隔たっていて、われわれの想像に、さらにはわれわれの社会にさえショックを与えることによって、社会を眺めるための迂回としてあらわれるのである。

* * *

最後まで生き残った者たちを乗せた小舟が水平線の彼方に消え去る。夕日はその全体に、いくらかの希望の色調を、この映画にとって最上の色調を付け加えさえする。数秒後にはエンドクレジットが上がってくるだろう。

相変わらずシートに深々と腰かけ、手はポップコーンの袋に突っ込んだまま、ジュリーは動こうとしない。ボーイフレンドのエリックはわずかに身動きをするが、ジュリーは彼に待つよう合図をした。彼女はよく知っているのだ。このような結末は、本作を終えるにはあまりにもバラ色のものであり、これで終わりとはならないことを。スクリーンの暗転とともに最後の悲鳴が聞こえ、ジュリーの正しさが確かめられる。彼女はしたり顔の笑みを口もとに浮かべて、ついに立ち上がった。

（3）*Ibid.*, p. 15-16.

出口に向かって歩き、ポップコーンの袋を捨てるためのゴミ箱を探しながらエリックのほうを向き、彼女はたずねる。「なぜいつもゾンビたちが勝利するのだと思う?」

「彼らの感染力と、殺すのがかなり難しいことが勝利の秘訣なんだよ」とエリックは答える。

ジュリーは、道に転がっている小石を蹴とばし、それから靴のつま先を眺めた。

「わたしはね、それは人間たちのせいだと思わずにはいられないのよ。彼らがまとまることができないのがもどかしいわ。せめてチームで動いてくれたらいいのに……。ちょっと協力したら誰も傷つかずにすむんじゃない? ゾンビとわたしたち、より愚かなのはどちらか問うてみるべきね」と彼女は続ける。

「まあねえ。でもさ、もし人間が勝っちゃったら映画はおもしろくなくなるよ」

「そんなことないかもよ……。それに、そのこ、、、とはわたしたちにとってよい教訓になるわよ……」

日本語版への著者あとがき――ゾンビと日本

日本文化が、一九九〇年代以降、ゾンビに際だった興味を示してきたことは、なにも驚くべきことではない。ゾンビの並外れた繁殖力は、急速に全世界を制覇し、このモチーフを奪取した各地の文化――それは日本から中東を経てアルゼンチンへといたる――はそれを、それぞれの文化固有の幻想や恐怖へと取り入れてきた。しかしながら、本書がとりわけ取り上げたのは日本のゾンビではなく、西洋版のゾンビである。すなわち、一九七〇年代からアメリカやヨーロッパの映画に見られ、その後、他地域に輸出されるようになるヴァージョンのゾンビであり、日本のゾンビもそこから形式や影響力を引き出している。

ともあれ、わたしは日本のゾンビの専門家を僭称するつもりは毛頭ないが、それでもこのあとがきでは、日本のゾンビの特徴のうちの一つ、そのユーモラスな性質について触れておきたい。もちろん、ユーモアは日本に固有のものではなく、われわれは、ゾンビの滑稽な性質を強調する数多くの英米映画――有名なところでは『ショーン・オブ・ザ・デッド』を考えてみよう――にそれを見てきたわけだが、とはいえ、日本においてユーモアはとりわけ存在感が強い。ゾンビに関する日本文化――すなわちマンガや映画――におけるユーモアの遍在は、日本文化の異質な性質に、さらには、ゾンビの形象に対して日本が保とうとしてきた距離に起因している。よく見てみれば、日本の亡霊は、一九六〇年代から七〇年代のアメリカで明確な形をとるようになるゾンビのモチーフとはさして関係がないのである。

＊＊＊

日本は、亡霊物語にはなじみがある。亡霊とは、生者にたびたび取り憑きにやってくる概して悪性の霊のことである。三遊亭圓朝（一八三九～一九〇〇年）から一九八〇年代の『邪願霊』系ホラーを経て『リング』（一九九八年）や『呪怨』（二〇〇〇年）へといたる亡霊の歴史は、一方で能にまで遡る。亡霊はまた、沈黙、はかなさ、そしてたいていは非常に長い黒髪――西洋人にはとりわけ奇妙に映る視覚的ディテール――といった、固有の特徴を有している。ところで、これらの霊は概して非物質的であり、ゾンビのように腐敗していたり死体を思わせるものではない。日本の葬儀は遺体の火葬を前提としており、その想像物としては、はかなく、触れることのできない幽霊が連想される。映画においてこうした想像物は、暴力やゴアといったモチーフよりも、恐怖や不安といったモチーフを通じてさまざまに変化する。

一般に、われわれをこわがらせるものは、われわれ固有の文化史のなかに力や源を持つ。幽霊がとる形態は、先祖伝来の儀礼や文化史のうちに根を下ろしており、それら儀礼や歴史は、死の恐怖、葬儀の尊重、復讐のモチーフなどの文化人類学的な問題や恐怖に、ある手ざわり《テクスチャー》や濃密さを与えている。こうして、同じ恐怖が、日本と西洋において、まさに死者や宗教にまつわる二つの文化特有の伝統ゆえに、異なった幽霊によって表象されてきたわけだが、そのような事実を確認するのはたいへんおもしろい。

ゾンビから想起される復活の観念は、主として聖書物語に由来している。たとえば、埋葬の三日後にイエスがよみがえったことや、四日後にラザロがよみがえったことを考えてみよう。ラザロの場合、物語は彼の屍が腐敗していたことを強調しさえする。ハイチのゾンビが示すように、ゾンビが送り返されるのはこの復活のモチーフであり、また、それが提示するように思われる永遠性である。

手短につぎのことを強調しておこう。もし日本の亡霊を西洋のモチーフに近づけたければ、おそらく向かうべきなのは一八世紀末のゴシックの亡霊のほうである。影、廃墟、復讐への欲望といったものに横切られたこの文学は、啓蒙思想や近代的理性への抵抗によってしるしづけられるだろう。こうした抵抗は、日本の亡霊映画の多くにも見られるものであり、そこで亡霊たちはテクノロジー的な手段を奪取したり（『リング』）、あるいは近代世界への伝統の回帰の産物に見えたりする（お岩の亡霊をめぐる物語のことを考えてみよう）。

＊＊＊

ともあれ、その異質な性質ゆえに、日本においてゾンビのモチーフは、ほとんどつねにアイロニカルな仕方でアプローチされてきた。ゾンビの襲撃が正面から取り上げられることはまれであり、通常それは格闘映画やロマンティック・コメディ映画の物語上の推進力となる。『VERSUS』（二〇〇〇年）や『WiLD ZERO』（一九九九年）のような、ゾンビを背景としたアクション映画のことを考えてみよう。そこでゾンビは滑稽なものとなっている。すでに死んでいることによってゾンビは、政治的に正しい《ポリティカリー・コレクト》暴力を、さらには、とりわけ享楽的な暴力を許容する。同様に、『ライフ・イズ・デッド』（二〇〇七年）のようなロマンティックなマンガにとってゾンビは、避妊具を用いない性行為の危険のメタファーとなっているように思われ、また、恋人との邂逅に象徴される恐怖や生理的不快感を際立たせることを可能にしている。

西洋は、ゾンビに関する日本の見解についに与したように思われる。西洋においても、いまやゾンビ物語の大半がこうしたアイロニカルな距離を前提としている、ということである。ゾンビは、かつてはありそうもない怪物であったのだが、鈍重で、グロテスクで、愚かなゾンビは、おそらく——いつの日か——笑いものにされ、おそろしい力を失う運命にあったのである。とはいえ、いまや滑稽でアイロニカルなものとなったその性質が、われわれの恐怖の徴候となる力をすっかりゾンビから奪い去っているかというと、それもまた定かではない。ゾンビが変容し続けるのは、われわれがまだゾンビになにかを探し求めているからであり、ゾンビがわれわれの欲望や不安をまだ喚起しうるからである。その意味で、ゾンビの新しい波《ヌーヴェル・ヴァーグ》、新たな形は、日本から生まれるかもしれないだろう。

訳者解説——時代の虚像《モンタージュ》としてのゾンビ

福田安佐子

「大きなホテルなら、どこにでも幽霊は出る。なぜかって？　だって、人の出入りが激しいし……」

スティーヴン・キング『シャイニング』

一　誤解と混合のゾンビ

いささか奇妙に思われるかもしれないが、本書を論じるにあたって取り上げたい作品がある。一九九四年公開の映画『インタビュー・ウィズ・ヴァンパイア』（原作はアン・ライスによる『夜明けのヴァンパイア』（一九七九年））である。ゾンビについて一冊を費やしてきた本書の解説を、あえてヴァンパイア映画からはじめるのには理由がある。『ゾンビの小哲学』が分析の対象としているのは、ゾンビというものの「イメージ」が、漠としていながらも確かにわれわれの観念や文化のなかにすでに浸潤しているという現象やその理由であるのだが、本作を詳しく見てゆけば、この「漠としていながらも、確かに」というあり方が浮かび上がってくるからだ。もちろん、『インタビュー・ウィズ・ヴァンパイア』にゾンビは登場しない。だが、ゾンビの「イメージ」は確かに登場しているのだ。さらに、そのゾンビ・イメージのあり方を見てゆくことで、本書においてイメージという言葉がどのような意味で用いられているのかが、より具体的に把握できるだろう。

本作は、二五年ほども前とはいえ、トム・クルーズ（レスタト）およびブラッド・ピット（ルイ）のダブル主演という話題性の高さと映像美によって一世を風靡した。インタビュアーが、ホテルの一室でヴァンパイアを名乗るルイなる男から聞いた彼の半生は、アメリカからパリへと舞台を移しながら二〇〇年あまりにわたるさまざまなドラマを紡ぐ。このヴァンパイアをめぐる耽美的な世界に、ゾンビのイメージは二つの方法で、密やかかつ大胆に登場している。一つは観念的な方法であり、不滅のはずのヴァンパイアにさえ忍び寄る死の恐怖としてやってくる。もう一つは文化的・歴史的な方法である。ここには、物語の舞台設定や、ヴァンパイアとゾンビという二種類のモンスターがアメリカに誕生した際の経緯など、さまざまな時空間的な要因が複雑に絡まり合っている。

二つの方法を詳しく見てゆこう。『インタビュー・ウィズ・ヴァンパイア』において、ゾンビとヴァンパイアの観念的なイメージ上の混同が最も顕著にあらわれているのは、二人のヴァンパイアのあいだの対比的な美醜の描写である。映画中盤、ルイらの計略によって死者の血を飲んだレスタトは瀕死の状態に陥り、ワニの住む底なし沼へと投げ込まれる。そうして消滅したはずのレスタトは、しかしながらその後繰り返しルイの人生にあらわれ、復讐を行うかのようにつきまとう。レスタトは永久に美しいままであるはずのヴァンパイアの姿からはかけ離れ、腐敗して崩れ落ちそうな身体によって描写される。また、生への執着を捨てきれず、再生し続ける怪物として形象化されたレスタトの「イメージ」は、腐敗したボロボロの身体という外見的特徴のみならず、その存在においても、ゾンビについてわれわれがよく知っているものとぴったり重なり合っている。

一方で、文化的・歴史的な背景に基づいたゾンビの侵入とはつぎのようなものである。ニューオーリンズの農園領主であったルイが吸血鬼となった後、主人の奇行に不信をいだいた黒人の使用人たちは、屋敷に火を放つために蜂起する。この場面の直前に映し出される、アメリカ南部の黒人労働者たちの風習である夜の集会こそ、ゾンビが生み出された場である。夜闇の農園に響く太鼓の音、針の刺されるヴードゥー人形、捧げられる生贄の動物、ダンスと狂乱の宴によって描き出されるヴードゥー教の集会は、一八世紀以降、ハイチからの移民労働者が多く集まったニューオーリンズを中心にアメリカ大陸へと広まり、人々の好奇の眼差しにさらされるようになった。さらに、ハイチ革命へと結実する黒人の蜂起や、北部での奴隷制度の撤廃による労働者の減少といった社会不安を背景として、アメリカの人々のあいだにはヴードゥーやハイチという土地や人々への不安や脅威が高まっていた。その状況が、ヴードゥーやハイチをより怪しいものとして描写することを加速させ、ひいてはゾンビを生み出す想像力の萌芽となり、ゾンビがアメリカの大衆文化においてよく知られるようになる下地を用意したのである。さらに言えば、ここに見られるゾンビは、労働者や奴隷による反乱をおそれていた農園主の側にとっての脅威であると同時に、死してなお労働力として搾取され続けるという奴隷の側の悪夢でもあり、その意味において、そこには正反対のもののメタファーが重なり合っている。このように、『インタビュー・ウィズ・ヴァンパイア』では、ゾンビの素地となる黒人労働者の集団が、ヴァンパイアというまた別のモンスターを倒すという皮肉な構造が見られるのである。

　また、パリに移り住んだルイが誘われた劇場は、一九世紀末に誕生し、血なまぐさい見世物を売りにしたグラン・ギニョールを彷彿とさせる。その見世物とは、一九六〇年代にゾンビが住処としたゴアやスプラッター映画の源流となった場所でもある。加えて、劇場の地下に住むヴァンパイアたちには、オペラ座の怪人のイメージまでもが織り込まれているように見える。以上のように、ヴァンパイアを主題とする本作には、無数のモンスターたちが形成してきた恐怖の歴史が刻み込まれているのであり、とりわけゾンビの姿をここかしこに見つけ出すことができる。

　さて、ゾンビというモンスターがヴァンパイアと混同される理由は数多く存在する。たとえば両モンスターの性質的類似や、映画史的な背景などが挙げられるだろう。まず、時代に着目すれば、この作品の原作が書かれた一九七九年とはジョージ・A・ロメロ監督の『ゾンビ』が発表された翌年であり、さらに、映画が制作された一九九四年にはすでにロメロによるゾンビ三部作も発表されていた。当時のゾンビは、ホラー映画のなかの一ジャンルとして流通しはじめていたと言えるだろう。だが、以前に比べて認知度が上がってきていたとはいえ、おなじみのヴァンパイアや、人造人間であるフランケンシュタインの怪物や人間に反乱を企てるアンドロイド、さらにはサイコ・キラー（『一三日の金曜日』のフレディは一九八四年生まれであり、『羊たちの沈黙』のレクター教授は一九九一年に誕生している）といった真新しいモンスターたちを、ゾンビ・イメージが現代のように凌駕するにはいたっていなかった。むしろ、ヴァンパイアの特質である体液の交換による感染や不死性、あるいはヴァンパイアが従える眷族にも通じるモブ感といった要素をゾンビも共有しているがゆえにヴァンパイアと頻繁に混同されていたのである。また、ドラキュラの存在を一躍有名にしたブラム・ストーカーの『魔人ドラキュラ』（一九三一年）で吸血鬼を演じたベラ・ルゴシは、翌年の『ホワイト・ゾンビ』（一九三二年）にゾンビをつくり出す呪術師として出演した。こうして、ルゴシの目線を強調したカットは、ドラキュラ伯爵のイメージを印象づけると同時に、呪術師の怪しげな雰囲気を醸成するためにも使用されることになったが、ここから生じるイメージの混同も二つのモンスターをめぐる記憶のアマルガムに寄与しているかもしれない。また、そもそもロメロがゾンビを生み出すアイデアの素地となったリチャード・マシスンの『地球最後の男』に登場するのは、血に飢えた吸血鬼である。ロメロ自身、『ナイト・オブ・ザ・リビングデッド』のモンスターをゾンビとも吸血鬼ともしなかった。事後的にそれがゾンビとされたのは、ロメロの生み出したゾンビと人々のなかにあったゾンビ・イメージとが合致した結果であろう。『インタビュー・ウィズ・ヴァンパイア』が浮き彫りにしているのは、したがって、一九九〇年代以前にはゾンビとヴァンパイアのあいだの境界線に混乱があった、という事実である。

とはいえ、本解説の目的は、ヴァンパイアとゾンビをめぐる勘違いや誤謬を逐一指摘することではない。むしろここで強調したいのは、この軽率な誤解や混同こそがゾンビ・イメージの力の核となっている、ということである。『インタビュー・ウィズ・ヴァンパイア』において見られたのはゾンビ・イメージの「弱さ」であり「軽さ」である。ゾンビ・イメージは薄ぼんやりとしか存在しないがゆえに、主役とはならない。だが、そのイメージの存在が弱くともこの時代の人々の意識の奥底に堆積していることは、すでに述べたことから明らかであろう。つまりゾンビ・イメージの軽妙さゆえのしたたかさが露呈しているのである。弱いがゆえの混合や誤解は、逆に、ゾンビが大衆文化のさまざまな層のなかを軽々と飛びまわり、そこに恐怖の種を撒いているという印象を与える。われわれはこれらの足跡を事後的に見つけ出すことで、ゾンビが当時どのようなものであったのかを確認することができるのだ。

だが、クロンブが本書で何度も強調しているように、現代ではゾンビ・イメージの力に変化が起こっている。これまで他のモンスターとの混同すら厭わず生き延びてきたゾンビは、いまでは完全に独立し、確固たる地位を築いている。ゾンビ映画の制作数の増加ばかりでなく、昨今では、本書がそうであるようにそれは学術的研究の対象にもなっている。あるいは、ゾンビは抽象的なものをより具体的に把握するためのメタファーの役割も果たしている。「ゾンビ企業」や「ゾンビ・パラサイト」といった呼称に顕著なように、われわれはいまでは、他なる事象において不死や無個性なものの集まりにゾンビ性、「ゾンビっぽさ」を見出し、それにゾンビの名を付すことによろこびを見出しているようにすら見える。このように、ゾンビという言葉やそれをめぐるイメージが一人歩きしはじめたのはなぜだろうか。

二　ゾンビの居場所

なぜ、いまゾンビはかくも注目されているのだろうか。ゾンビというものになにか大きな変化が起き、それにより獲得した新たな性質が、われわれのゾンビ・イメージに大きな変容を引き起こしたのだろうか。それとも、ゾンビのほうにあらかじめあった性質が現代と合致するようになったのだろうか。ここではまず、『インタビュー・ウィズ・ヴァンパイア』の時代においては曖昧なものであったゾンビ・イメージが、現代においてどのような様相を呈するようになったのかを、その背景とともに確認しておこう。

ゾンビへの注目が高まる契機となったのは、いつ起きたどのような出来事だろうか。先行研究では、二〇〇二年に映画『バイオハザード』と『二八日後…』が公開され、両作品でゾンビが大々的に走りはじめた後のこととされている。この奇妙な流行は一過性で終わることなく、現在まで間歇的に続いている。流行を支えているのは、既存の作品の焼きなおしが恒常的に制作されることだけでなく、制作本数の減少が見えそうになるたびに、ゾンビに新たな解釈を加えるような作品、さらにはホラーの枠にはとどまらないような作品が登場してきたことであった。たとえば、『ショーン・オブ・ザ・デッド』(二〇〇四年)や『ゾンビランド』(二〇〇九年)といったコメディ色の強いものや、ゾンビ・ジャンル自体をメタ的な視点でとらえるようなものである。アメリカのテレビドラマ『ウォーキング・デッド』シリーズが一〇年弱にわたって継続しているのは、作品の焦点をゾンビとの攻防のみならず、限界状態における人間同士の諍いに置き、文明社会が崩壊した後の世界で、人々がさまざまな種類の共同体を築き、ときにそれら共同体同士が衝突するさまを、人類史の縮図のように克明に描いているからだろう。このように多様に広がったゾンビ映画の世界的な動向や各作品の詳細については、あらゆる作品を網羅して掲載した伊東美和氏の『ゾンビ映画大事典』や同氏編集の『ゾンビ映画大マガジン』を参照されたい。

先行研究では、ゾンビを区分して、一九三〇年代から五〇年代頃までのハイチに由来するものを「クラシック・ゾンビ」または「ヴードゥー・ゾンビ」とし、ロメロが描くようなノロノロとしたものを「モダン・ゾンビ」または「ロメロ・ゾンビ」、二〇〇二年以降のものは「走るゾンビ」と呼称している。このような定義からわかるのは、ゾンビは現代にいたるまで三度大きく姿や特性を変えつつも、一九三〇年代から連綿と制作され続けてきたということであり、したがって現在のブームも、天恵のように降って湧いた二、三のヒット作品によって生み出されたわけではない、ということである。

　だが、「モダン・ゾンビ」以前からのゾンビをよく知る者にとって、昨今しばしば登場する「走るゾンビ」は、まったく別物のように見えるだろう。どのようなものを「正当な」ゾンビとするかという定義の問題はいったん脇に置くとしても、二一世紀に入って以降、ゾンビなるものが登場する機会や映画作品数は爆発的に増加し、ゾンビ映画のほとんどがB級作品とされていた頃に比べれば、一本あたりに莫大な予算が投入された作品が多く企画されたり、マンガのヒット作が人気俳優によって実写化されたり（『アイアムアヒーロー』）、NHKがゾンビもののドラマを制作するなど（『ゾンビが来たから人生見つめ直した件』）、ゾンビに対する待遇もかなりよくなっている。そういったゾンビの増殖と伝染は、映像や物語作品のなかだけにとどまらず、カメラのレンズを越え、さらにはつくり話の世界をも越境するようになった。本書でも触れられた、マッシュアップによって古典的文学作品のなかにゾンビを移植するという手法や、あるいはハロウィンのコスプレにおけるゾンビの多さなどはその好例であろう。コスプレについて言えば、人々はゾンビそのものに変身するだけでなく、「ナース」や「ミニスカポリス」の仮装にさらにゾンビのメイクを重ねる。いわば、個々のキャラクターによってつくられた世界観の領域を侵犯してゾンビ的な性質を伝染させているのである。

　また、このようなゾンビの領域横断性は、もはやゾンビそのものが登場せずとも、ゾンビ映画と言える作品をつくり出すことを可能にしている。二〇一八年の秋には日本でも『カメラを止めるな!』が話題となったが、映像制作を教えるゼミナールでのワークショップの一環として単館上映からスタートした作品でありながら、ツイッターなどの口コミによって全国的なブームとなったこの作品には「本物の」ゾンビ、または「本当っぽい」ゾンビさえ登場しない。本作は、ゾンビ映画を撮影するなかで起きたドタバタ・コメディ、もしくは映画や舞台の上演とその裏側という二重視点の妙を提示するものである。ゾンビを中心として描かれてはおらず、そのためホラー作品とも言えない。だが、そもそも最初にゾンビ映画の存在を世間に広めた『ナイト・オブ・ザ・リビングデッド』も、大手の映画プロダクションなどの介入のないインディーズ作品であり、それゆえに図らずも実現された黒人俳優の主役起用などの自由な作風が、後に高く評価される要素となった。また、J・J・エイブラムスの『スーパーエイト』(二〇一一年)や『桐島、部活やめるってよ』(二〇一二年)では、初期ロメロ作品の撮影風景を彷彿とさせる手持ちカメラや友人たちによるエキストラ出演によってゾンビ映画がつくられており、その制作中にストーリーが展開してゆくという構造を有しているし、ロメロ自身による『ダイアリー・オブ・ザ・デッド』(二〇〇八年)では、映画制作を学ぶ学生たちがホラー映画を撮っている最中にゾンビが発生する。このように、映画制作それ自体をメタ的な視点でとらえるという一つのジャンルのうちに息づいていた、映画とゾンビとのいわくありげな関係を思い起こすならば、『カメラを止めるな!』もまた正真正銘のゾンビ映画と言えるだろう(もちろん、テレビの生中継を舞台上演に置き換えれば、『カーテンコール／ただいま舞台は戦闘状態』（ピーター・ボグダノヴィッチ、一九九二年。原作舞台は一九八二年のマイケル・フレイン『Noises Off』）との直接的な影響関係も指摘できる）。

かくして、吸血鬼やその他のモンスターとの習合や誤解を交えながら生き抜いていた時代に比べれば、現在のゾンビはある意味で奇妙な市民権を得るようになった。とはいえ、ここに挙げたさまざまなゾンビのなかには、「のろのろとしたもの」と「全速力で走るもの」という正反対の性質を有するものが同じゾンビという名を伴って共存し、混合しているのであり、その定義や区分自体に矛盾が生じているようにも思われる。しかしここで一度考えてみたいのは、正当な、真正なゾンビ（の定義）など存在しうるのだろうか、という問題だ。ゾンビの定義をめぐる揺らぎには、作品ごとの解釈や制作者の勝手なアレンジと片づけてしまうにはあまりにも極端な差異が存在しているのであり、むしろ現在ゾンビと言われているもののすべてを考慮したうえで一つの定義を述べることは到底不可能である。

クロンブは、このような時代によるゾンビの区分を使用して、「ヴードゥー・ゾンビ」と「モダン・ゾンビ」にあたるものの特性を「生きているように見える死者」と「死んでいるように見える生者」と整理し、それらが互いに相反する特徴を持っていることをあぶり出している。さらに「モダン・ゾンビ」と「走るゾンビ」にあたるものも「感染の原因も不明で、それ自体で増殖することはないもの、人間と地続きにあるもの」と「みずから感染源となり、自己増殖する新たな種」という形で対比させており、それぞれが相異なる特徴を有しているだけではなく、むしろ種自体が異なるものであると指摘している。つまりここでは、相矛盾し決定的な差異をはらみながらも、一つの「ゾンビ」という呼称で括られたまま、存続し受け入れられてきたこと自体を、ゾンビの特徴とし、ゾンビを「哲学的に」考えるうえでの出発点としているのだ。そして、その解決法として提出されたのが、アビ・ヴァールブルクのイメージ論を経由したゾンビの「イメージ」分析である。

したがって、本書で使用される意味でのゾンビの「イメージ」と、これまで与えられてきたゾンビの「定義」とは、ぴったり重なり合うことはない。というのも、ゾンビのイメージとは、特定の作品や個々の監督が描くもののなかに存在するわけではないからだ。ゾンビのイメージは、さまざまな作品の集合から、あるいは、それぞれの作品が誰かの目に触れ、記憶に残ることから徐々に生み出されるものである。ある怪物の形象は、その都度、時代や社会の問題、そして大衆の意識を反映して形づくられ、それらが長い時間をかけて受け手の記憶や想像力へと堆積するうちに、イメージとして存在するようになる。本書が分析対象とするゾンビ・イメージとは、特定のゾンビ作品や年代に登場するものというよりは、それぞれの受け手の側に残存するものであって、それゆえ、分析が施されるべきなのは受け手たるわれわれのほうである。また、ゾンビのイメージを取り扱うことは、固定的な定義をつくろうとすることでもない。むしろ本書が重きを置くのは、われわれがあれもこれもゾンビであると思ってしまうのはなぜか、われわれはなにをもってゾンビとみなしているのだろうか、という問いである。

本書における「イメージ」という用語を理解するうえでもう一つ重要なのは、時代の特徴としてあらわれるゾンビ像を「静止画」としたことである。映画とは、言うなれば複数の静止画の連続体なのであり、映像的イメージの集合である。すなわち、「ヴードゥー」や「走る」といった特徴による定義とは、作品から取り出された一枚のポスターのようなものであり、作品を端的に指示し、抽象化・象徴化したものであるとも言えるだろう。それに対して、クロンプの言うイメージとは、さまざまな作品を介して、それらを見てきた者の記憶のなかに、抜け落ちつつも残った映像の切れ端が集積したものである。一方、ゾンビ映画のつくり手は、それまでの人生で培ってきたイメージの集積に影響を受けつつ、そこに独自の解釈を加えた新しいゾンビの絵を描くだろう。その双方が、複数のうごめく絵のなかで符合することで、「イメージ」が重なり合い、それと認識することが可能となるのだ。(1)

ただし現在では、こうした繰り返しのなかで、ゾンビのイメージにあまりにも多くのものが堆積してしまったとも言える。個人の有するゾンビのイメージと、個々の作品に提示される静止画としてのゾンビとのあいだにあまりにも大きな乖離さえできているだろう。それゆえ、われわれのゾンビ・イメージと、ゾンビの定義とのあいだに少々の異同が生じるのは当然のことなのだ

(1) 映画の視覚体験とゾンビの身体性そのものとの関係については以下に詳しい。加藤幹郎『映画ジャンル論——ハリウッド映画史の多様なる芸術主義』文遊社、二〇一六年;Steven Shaviro, *The Cinematic Body*, University of Minnesota Press, 1993.

（むしろそのような静止画の堆積によって形成されてきたものが、ゾンビのイメージである）。このような「イメージ」を有するのは、もちろんゾンビだけはない。

三　ゾンビと人間の「イメージ」

本書の各所にちりばめられた「あるゾンビ映画のワンシーン」の描写を思い起こしてみよう。それには、対応する具体的な作品が存在するわけではない。だが一読すれば、どういうストーリーで主人公がこれからどのような目にあうのか、想像がついてしまうのだ。情景だけでなく、ゾンビに立ち向かう登場人物の反応も、物語を眺める観客のつぶやきも身に覚えのあるものばかりである。われわれはすでに、ゾンビをめぐるさまざまな反応や感情の「イメージ」を持っている。平凡な日常のなかで、親しいものが突然怪物となること、反撃にでなければ、自分がその仲間になってしまうこと。このようにゾンビをめぐるイメージを、なぜかわれわれはすでに持っている。それは三〇年代から存在するパルプフィクションの怪奇譚に登場するゾンビやその焼きなおしのなかに脈々と息づいてきたゾンビや、他のモンスターたちと習合した姿を幼い頃にそれとわからぬまま目にしたこと、または七、八〇年代のホラー映画におけるその姿をテレビの再放送などを通じていつの間にか受け入れていたことによる堆積の結果かもしれない。

だが、このような反応には必ずしもゾンビや他のモンスターのイメージだけが必要なのではない。たとえば、先の「あるゾンビ映画のワンシーン」には、均一化した「一般市民の生活」がある。しかし一般市民とは誰だろうか。名指すことのできない「生」の世界のイメージの数だけ、その「死」や「終わり」のイメージが存在する。さらにこのような投影に基づいて、われわれは、ゾンビ映画にしばしば登場するおきまりの人物像やシチュエーションを、自分たちの実際の日常生活にも見出すことをよろこんで行う。このような葛藤や状況によく似たシチュエーションを日常生活でも感じているからこそ、もし自分がゾンビのように突如として襲いかかってくるものと対峙したならばどう動こうか、と登場人物に過度に感情移入することが可能となるのだ。

さらに、われわれの日常生活とそこに住まう「一般的な人々」にとってのより具体的な社会問題に対しても、ゾンビの「イメージ」は呼び起こされてきた。モダン・ゾンビは、大量消費社会においてショッピングモールや無為な娯楽に群がる大衆や、さまざまな病の克服がなされてもなお新たに発見される病（エイズなど）が徐々に社会やわれわれの身体へと感染する恐怖、または核戦争の脅威や冷戦の後遺症のただなかに住まうわれわれの姿を喚起するようなイメージを提示する。現代ではそこに、テロリズムが日常の風景を混沌に変えてしまう恐怖、グローバル社会における難民の問題や感染症が世界各地へと異常なスピードで広がる脅威、大企業によって世界中の人々の嗜好や行動が均質化されてしまう新植民地主義的現象や彼ら一人ひとりの生命が情報や数値に還元されるポストヒューマン的状況などが付け加わり、多様な問題をめぐって喚起されるイメージへと拡大している。

では、ゾンビが長く生き延び、かくも多様な「イメージ」を巻き込むことが可能となったのはなぜだろうか。さらに言えば、なぜそれがゾンビでなければならなかったのだろうか。クロンブの答えはこうである。ゾンビとは「人間に似たもの」であるからだ。ゾンビが人間に似ている、というのはごく当たり前のことと響くかもしれない。だが、ここで「似ている」というのは、「似ているにすぎない」とも理解しなければならない。「似ている」もしくは「類似」という言葉は、同時に「だが、同じものではない」という意味でも解釈される必要があるのだ。本書で幾度も召喚されるジョルジュ＝ディディ・ユベルマンは、ジョルジュ・バタイユが指摘した神人同型論における類似についてつぎのようにまとめている。すなわち、類似しているということは、「形相共有性」を多かれ少なかれ保持しているが、同時に「隔てられ」てもおり、「非＝質量共有性」を要求する。「質量〔物質〕は形相〔形態〕に触れてはならないのであり、言い方を変えれば、質量は「合致〔＝形相共有性〕」の通常の関係においては、その関係の陳述や現実化のなかに入り込んではならないのである」[2]。二つのもののあいだに類似関係が見出されるとき、そこには前提として質的な乖離が伴っているのである。

　類似とその質的な乖離については（マシスンの『地球最後の男』に影響を受けた）藤子・Ｆ・不二雄の『流血鬼』（一九七八年）のセリフが簡潔に表現しているだろう。「相手は人間の形こそしているが怪物なんだ」。すなわち、もはや人間ではなくなってしまったものと、しかし見た目や形は人間と判別できないものとは、抱き合わせなのだ。ゾンビのように人間から派生した怪物の場合、この傾向は顕著である。類似のもたらす乖離に素早く順応することが、物語における登場人物の感情の機微をつくり出す。また、ゾンビの特徴として「人肉食」や「感染」といった項目を挙げるとき、言外にゾンビが人間とほぼ同じ見た目をしていることが含意されている。見た目においては強いて挙げるべき相違点がないからこそ、行為や性質における異質さを列挙する必要があるのだ。

われわれの多くが現実に直面しうる「人間に似たもの」といえば、まずは人間の死体だろう。それは、われわれに最も身近でありながら、遠い存在である。よく知っている人の亡骸を目のあたりにするとき、故人のかつての姿がしのばれる。だが、それは死を契機に、馴染みのある身体からはかけ離れたなにかになっている。われわれが見慣れた人間の姿形から、なにかが滑り落ちているのだ。死に顔が穏やかで、まるで眠っているかのような場合でも、なにかが欠けていることが強烈な悲しみを誘う。もしそれが再び動き出したならば、嬉しいかもしれない。しかしながらその顔が穏やかで、わたしの日常を構成していた親しいもののそれであるならばよりいっそう、不気味だと思う感情も生まれてしまう。

このような両極端に揺れる感情を表現した作品として、少し文脈は異なるが『ペットセメタ

(2) ジョルジュ・ディディ＝ユベルマン「いかにして類似を引き裂くか?」鈴木雅雄訳『ユリイカ』第二九巻第九号、青土社、一九九七年、二六一頁。

リー』（一九八九年）があり、ここではペットの猫が死からよみがえる。実際、人間以外のものがゾンビ化する作品も多くはないが存在し、たとえば『バタリアン』（一九八五）や『バイオハザード』には、犬をはじめとした動物のゾンビが登場する。人間と動物という違いはあるものの、やはりそこには、仲間やパートナーとしての共感や連帯を期待していた相手、つまり種族は違えどなんらかの人間性を期待していた相手と、意思の疎通がかなわなくなることへの落胆が潜んでいる。

このように、ゾンビをめぐるイメージには、つねに人間の姿、「人間らしさ」とその喪失の問題がつきまとう。ゾンビを目の前にしたときに生じる、「襲われるがままになる」か「抵抗するか」という葛藤は、それが目の前にいるゾンビと呼ばれるものが、よく知った家族や友人と同じ見た目のまま、内部にあって目に見えない理性や人間性が変容を被ったことを知っているために生じる。人間に「見えるにすぎないもの」に傷をつけることへのためらいが生じるのは、変容を被ったものが「見えない」ためである。たとえ秘術や宇宙から降り注ぐ放射能の影響を受けていたり、もっと言えば腐乱しきっていたとしても、見る側の人間にとってそれが、自分の記憶にある人間の姿形を伴った記憶を呼び起こす以上、そういったイメージの問題は生じてくるのだ。

ゾンビに人間の外見的なイメージを認めるとき、そこに欠けているのは、内実としての「人間のイメージ」である。だが、この欠落はゾンビの側だけでなくそれに対峙する人間にも起こりうる。「人間性」や「理性」を失った状態にあるものが見境なく襲ってくるとき、それに対峙する人間は、正当防衛や生き抜くための本能といった言い訳をもって、「人間に見える」ゾンビを返り討ちにする。とはいえ、この行為はともすれば、みずからの人間性を手離してしまうのと同義のものとなる。「人間のイメージ」を喪失したものと向き合う際には、つねに自分自身の「人間のイメージ」を失ってしまうことの脅威をも感じることになるのだ。

以上のように、ゾンビを前にしたときにわれわれが取る反応や行為には、「人間性」とはなにか、なにをもって人間とするか、という問いがつねにつきまとう。だが、人間を人間たらしめる唯一の条件は存在しない。言語や道具の使用など、しばしば挙げられるものは、一つの定義にすぎず、言い換えれば確たる証拠とはならず、むしろ人間のイメージを彩るものでしかない。人間に見えるものを、人間に似ているにすぎないものとするとき、問題の核にあるのは「人間のイメージ」である。

この点についてクロンブが言外に想定しているのは、バタイユによって提起された近代における「人間のイメージ」の喪失とアウシュヴィッツの問題であろう。両者が絡み合う地点として、ディディ＝ユベルマンは『イメージ、それでもなお』において、アウシュヴィッツからもぎ取られた四枚の写真を挙げている。少し長くなるが、そのまま引用しよう。

> ジョルジュ・バタイユの教え——分かちがたいもの、似たもの、「人間のイメージ」全般に対して提起された問題としてのアウシュヴィッツ——を念頭に置いていれば、確かにこのア

レックスの四枚の写真は、その明白な政治的意味の彼方もしくは手前で、われわれを一つの眩暈、人間のイメージそのものについての一つのドラマに直面させるものだ。あらためて目を向けてみよう。これらの写真において似ざるものは似たものと肩を並べている、ちょうど死が生と肩を並べているのと同じように。最初のシークエンスで虚をつかれるのは、ゾンダーコマンドのメンバーたちの、きわめて「人間的」、きわめて日常的で、「われわれのもの」そっくりの身振り――少しの間物思いにふける者が腰に当てた手、すでに「仕事」に取りかかった者たちの努力や骨折り――と、その分解や破壊がすでにはじまったかのような（おそらく数分前に死んだばかりなのに）、横たわる死体の集まりでできた無定形に近い敷物とが、共存していることである。(3)

この写真において問題となっているのは、死によって「人間らしさ」が奪われるということだけではない。ここにはさまざまなレベルでの「人間のイメージ」の喪失が並立して写し出されている。たとえば、生きているものの側にいて、きわめて人間的な身振りを見せているゾンダーコマンドたち（ここでは、強制収容所内でユダヤ人のなかから選別され、死体の処理や収容者の管理、殺害の補助を任務とされた人々を指す）は、「人間のイメージ」を奪われ、人間に「似ているにすぎないもの」となっている。というのも、その人間的な身振りとは裏腹に、自身の生命の安全と引き換えに彼らの内面からは、同胞に対する共感や喪の感情が失われてしまっているからだ。もちろんそれは、それを強制するナチスの非人間性によって引き起こされた悲劇である。完璧な「人間」を目指したナチスは、かくも非人間的な帰結へといたったわけである。また、収容所でSSが行なっていたことは、「人殺し」というよりも、収容者のたんなる効率的な「処分」であり、その結果として、「たんに生命だけでなく、〔……〕人間の形そのもの、そしてその形とともにあるイメージ」(4)までもが破壊されることとなった。

アウシュヴィッツへの言及がしばしば示唆するのは、そのようなことがかつて起こったという事実だけではなく、むしろ、そのようなことが現代の社会にもいとも簡単に起こりうる、という可能性である。「人間の形そのもの、そしてその形とともにあるイメージ」の破壊は、近代から、さらには現代においても頻繁にわれわれに起こっているのである。ディディ＝ユベルマンがバタイユにおける人間のイメージの問題とアウシュヴィッツとを結びつけつつ示した通り、この出来事より以降、人間の営みにおいて「類似したものの生産」と「類似したものの破壊」は切り離せなくなっているのだ。

ゾンビを想像することは、その極端な戯画とも言えるだろう。「人に似たもの」であるゾンビを想像することは、「似ているにすぎないもの」を破壊することへの願望を含意している。言い

---

(3) ジョルジュ・ディディ＝ユベルマン『イメージ、それでもなお――アウシュヴィッツからもぎ取られた四枚の写真』橋本一径訳、平凡社、二〇〇六年、五八頁。

(4) 同書、六〇頁。

換えれば、それを「似ているにすぎない」がゆえに破壊してもよいものとして想定しているのである。まったく見知らぬ者だけでなく、まだあまり親しくないだけの者からかすかな脅威を感じることは日常生活においてしばしばあり、またそうした人々を他者として線引きすることで得る安堵の感情は、通常——人道的見地から——隠されるべきものとされる。ゾンビを享受することは、この抑圧された感情の代理表象やストレス発散として生じているのかもしれない。その行為は極端であまりにも幼稚とも言えるが、必ずしも否定できるものではない。アウシュヴィッツ以降を生きるわれわれが自覚しなければならないのは、そういった暴力的な本能すら、人間のイメージに堆積したものの一つにあるということだ。「モノとしての死」と「死を産出する暴力」とは、人間のイメージ上で表裏一体のものとして結びついているのである。

つまるところゾンビとは、われわれに類似しながら最もかけ離れており、その醜く崩れた肌から垣間見える目玉には、人間のイメージのゆく末が鏡のように映し出されている。われわれが読み解く必要があるのは、このイメージである。本書ではゾンビにあらゆる「人間のイメージ」が見出された。それは九・一一やベトナム戦争といった特異な出来事によってトラウマを負った人間のみならず、近代化に伴って、さらには現代においてますます経験が自分のものとならなくなっているわれわれの生をも包含している。生きることが経験を伴わず、身振りにしかなっていない現代人の生活に、クロンブは、機械的な動作を繰り返すだけになったゾンビや、ただ効率的に処分される大量のゾンビたちのイメージを重ね合わせる。このように、ゾンビと人間のイメージは、ズレと一致を含みながら、われわれのなかに堆積してきた。そのことに意識的であれ無意識的であれ、ゾンビを見て恐怖するのは、自身の「人間のイメージ」の喪失を感じ取っているからであり、その意味において至極まっとうな反応であろう。あるいは、ゾンビに滑稽さや同情の念すら覚えるとき、われわれは自身の振る舞いに似たなにかを感じているのだ。

ゾンビはこれまで、「奴隷と奴隷反乱」「科学と非科学的なもの」「生者と死者」といった相反するものを同時に指し示してきた。だが、「生と死」ですら渾然一体のものだとそろそろ気づきはじめた現代人にとって、ゾンビと人間のどちらが「生」を、どちらが「死」の意味を担っているのかこだわる必要はもはやないだろう。そもそも、鏡にみずからの姿を映し出したとき、そこにあるのは、自分そっくりの像であると同時に、その反転した姿でもある。実際にこうであると思っている自己のイメージと、鏡や他者を通して見た自己イメージとのあいだに乖離が生じることもしばしばである。実際、現代を生きるわれわれにとって、「わたしとは誰か」という問題はもはや外部に委ねられ、自身の証明は指紋や声紋といったわたしの身体の一部に託されている。「自分探し」もももはや揶揄の対象であり、プリクラをはじめ、スマートフォンのアプリによって自動的に過度な加工を施した顔が流通してゆく。このように、独我論的な自己イメージと他から規定されるそれとの乖離や、そもそもの自己の空洞化が進んでゆくなかで、イメージにおいてその隔絶や空虚をあらかじめ有するゾンビが、われわれの似像としてますます多く言及されることは当然の帰結とも言えよう。

少し前に話題となったネット上のある噂によれば、鏡に映し出された自分の姿に、「お前は誰だ」と問いかけ続けると、「わたし」がわからなくなり、精神が崩壊するという。この危険な遊戯が示唆するように、自意識とそのイメージとの関係は複雑で脆い。「人間によく似たもの」であるゾンビの物語を延々と紡ぎ、享受すること、さらにはゾンビとはなにかと問いかけ続けることには、この現代のある種の「眩暈の遊び」に似た感覚があるのかもしれない。ゾンビのイメージは、「人間に似たもの」と「似ているにすぎないもの」というイメージの根源にかかわる問題を問いなおす。だがこのイメージの性質をよく理解したうえでなければ、自分がいま問いかけているのはいったい「ゾンビ」についてなのか「人間」についてなのかよくわからなくなってしまうだろう。ゾンビが現代を、そして人間を理解するための、これ以上なくよい導き手であり、またときにみずからのイメージのように語られることがあるのは、こうした意味においてである。

＊＊＊

最後に。本書との付き合いは、修士二年時の留学中にストラスブールのクレベール広場に面した書店でたまたまそれを手にしたところからはじまった。帰国後、ゼミで「聖なる人間《ホモ・サケル》」の節を取り上げたところ、博士後期課程ではゾンビについて専門的に研究してはどうか、と背中を押してくださったのは指導教官の岡田温司先生だった。先生の慧眼の通り、ゾンビは研究をすればするほど、わたしにとっても興味深い問題を次々と提示してくれた。そのようなわけで、本書はわたしの大学院における本格的な研究生活のはじまりをしるしづけるものとなった。その書をいま、翻訳を通じて紹介することができるのは嬉しい限りである。もちろん、この訳業はわたし一人の力では到底成しえなかった。広範な知識と思想的背景から繰り出されるクロンブの言葉を解きほぐすうえで、研究室や研究会をともにする同期をはじめ、先輩後輩諸氏に助言をいただけたこと、彼らの豊穣な研究成果に間近で触れてきたことが大きな支えとなっている。すべての方のお名前を挙げることはできないが、ここではとりわけ以下の方々に謝辞を捧げたい。ゼミでの講読を行うことを許可してくださり、文法的な誤解を正すだけでなく、読みやすい日本語の訳文とはどのようなものかを丁寧に教え導いてくださった岡田先生。わたしの拙い翻訳に呆れることなく、最後まで精緻に訳文を見てくださった共訳者の武田宙也先生。経験の少ないわたしに、このような大きな機会を与えてくださった人文書院の松岡隆浩氏。「一年で仕上げます！」と宣言したにもかかわらず、それを大幅に超過してしまったことをお詫びするとともに、出版までお付き合いいただけたことに、ここで篤く感謝の意を表したい。

訳者あとがき

本書は以下の全訳である。Maxime Coulombe, *Petite philosophie du zombie. Ou comment penser par l'horreur*, Paris, Puf, 2012. 著者のマキシム・クロンブは一九七八年生まれの社会学者・美術史家で、現在、カナダのケベックシティにあるラヴァル大学で現代美術および芸術理論を教えている。本書以外の著書には以下がある。

『ポストヒューマンを想像すること——芸術社会学と眩暈の考古学』〔*Imaginer le posthumain. Sociologie de l'art et archéologie d'un vertige*, Québec, Presses de l'Université Laval, 2009〕
『ビデオゲームの果てしない世界』〔*Le monde sans fin des jeux video*, Paris, Puf, 2010〕
『オルラン——猛烈なアイデンティティ』〔*Orlan. L'identité violente*, Saarbrücken, Éditions universitaires européennes, 2010〕

一冊目は博士論文をもとにした著書で、いわゆる「ポストヒューマン」的な想像力に基づく現代アーティストたちの活動を社会学的な見地から考察したものであり、二冊目は世界中で大ヒットしたオンラインゲーム『ワールド・オブ・ウォークラフト〔*World of Warcraft*〕』を取り上げ、現在のオンラインゲーム人気を現代社会の諸問題と結びつけつつ論じたもの、さらに三冊目は、一冊目の著書でも取り上げられたオルラン（みずからに行う整形手術をテーマとした作品で知られるフランスの現代美術家）について、あらためて正面から取り組んだ書物となる。

以上のラインナップからも窺われるように、著者の関心の所在は、それ以前の時代と比べてさまざまな点で大きく変化した現代の感性的経験にあり、またこうした経験の構造的要因となっている社会の変化にある。その意味において、現代アートにしろ、ゲームにしろ、著者にとってあらゆる文化的現象は、広義の社会的なものの「徴候」としてあらわれることになる。ゾンビをテーマとする本書が、映画やゲームに登場するゾンビの表象を超えて、現代人や現代社会に見られるさまざまな「ゾンビ性」にまで言及するにいたるのは、こうした理由からである。

本書の詳細な内容については、ゾンビ映画を専門とする福田の解説や、なにより本文に直にあたっていただくのが最良の近道だと思うので（そもそも、本書は基本的に明快な書物である）、拙文によって屋上屋を架すことは控え、ここではその全体的な位置づけについて二、三述べるにとどめたい。本書は、考察の対象がファインアートのようないわゆる高級文化《ハイ・カルチャー》ではなく、ゾンビという大衆文化《マス・カルチャー》である点においては、『ポストヒューマンを想像すること』や『オルラン』よりも、ビデオゲームという大衆的娯楽を取り上げた『ビデオゲームの果てしなき世界』に近いように感じられる。ただし、ゾンビという表象を通じて、現代の人間観の変容、たとえば身体、アイデンティティ、死といった観念の変容について考察するという点では、それは他の二冊とも通じる部分が大きい。すなわち本書は、植民地における奴隷のメタファーという伝統的なゾンビ像から出発して、伝染病、トラウマを負った主体、政治的管理、アブジェクト、死、身体、世界の終末といった現代のさまざまな「徴候」としてのゾンビを追ったものと言うことができる。冒頭で著者のことを社会学者・美術史家と紹介したが、このように、大衆文化《マス・カルチャー》にあらわれる表象をある種の社会現象の表出として読み解く手つきは、なるほど社会学者の面目躍如たるところだろう。

一方で本書のアプローチは、社会学の領域にのみとどまるものでもない。そこには、著者のもう一つの側面、すなわち美術史家、さらには美学者としての眼差しもまた、はっきり認めることができる。英語圏では、おおよそ二〇〇〇年代後半から人文学的なアプローチによる本格的なゾンビ研究が目立つようになってきたが、[1] 近年日本にもこの流れが押し寄せてきている。たとえば、直近では二〇一七年に藤田直哉『新世紀ゾンビ論――ゾンビとは、あなたであり、わたしである』

---

(1) 代表的な論者に、*American Zombie Gothic* (McFarland Publishing, 2015) や *How Zombies Conquered Popular Culture* (McFarland Publishing, 2015) で知られるカイル・ウィリアム・ビショップや、*The Transatlantic Zombie* (Rutgers University Press, 2015) の著者サラ・ジュリエット・ローロなどがいる。ローロは、カレン・エンブリーとの共著論文「ゾンビ宣言」(二〇〇八年) のなかで、ポストヒューマンとし

（筑摩書房）と岡本健『ゾンビ学』（人文書院）という（それぞれ専門を異にする）二人の論者によるゾンビ論が相次いで出版されたし、ロジャー・ラックハーストの *Zombies: A Cultural History* (Reaktion Books, 2015) の翻訳（『ゾンビ最強ガイド』エクスナレッジ）が出版されたのも、この流れと無縁ではないだろう。これらはいずれもゾンビ論の今日的な広がりを示す好著であるが、このうち藤田の著書は、クロンブと同様、「現代社会の象徴としてのゾンビ」という観点に基本的には立脚したものであり、岡本の著書は著者の専門でもあるコンテンツ論に力点を置いたもの、ラックハーストの著書はそれらに比べてより標準的な通史記述を目指したもの、というように、それぞれ異なった性格を持つ。上記の類書に対して本書の特徴を挙げるとすれば、そこに美術史的なアプローチや美学的な概念が、かなり大胆に導入されている点があるだろう。たとえば、ヴァールブルクやディディ＝ユベルマンのイメージ論（「残存」や「徴候」を中心としたそれ）への大幅な依拠や、フロイトをはじめとする精神分析の道具立て（「不気味なもの」「アブジェクト」など）、アリストテレスのカタルシス論からカントの崇高論やロマン主義を経てバフチンのグロテスク論、キャロルのホラー論にいたる美学の参照がそれにあたる。その意味で本書は、ゾンビ（より正確には、ゾンビという表象をめぐる哲学的考察）の入門書であると同時に、（ゾンビを導き手とした）ある種の美学入門ともなっており、そこが類書と一線を画する点と言えよう。実際、キャロルの書がそうであるように、「恐怖」という感性的経験はいまや歴とした美学の考察対象となっているが、本書もまた、ゾンビというスコープを通した「恐怖の感性論」の一種と見ることができるのだ。

最後に、翻訳について簡単に記しておきたい。翻訳作業は、福田の下訳に武田が手を入れるという形で進められ、一通り訳し終わった後、あらためて二人で訳稿について検討を重ねた。その過程で、できる限りミスのないよう推敲に努めたつもりであるが、思わぬ見落としや勘違いなどがあるかもしれない。読者諸賢のご批判を仰ぎたい。なお、本文中の引用は、邦訳があるものについては参照させていただいたが、文脈に合わせて適宜変更を加えたことをお断りしておく。

人文書院の松岡隆浩さんには、訳者たちの遅々たる歩みに辛抱強くおつきあいいただいた。あらためて御礼申し上げる。また、訳者たちの質問に迅速にお答えいただき、さらには、求めに快く応じて日本語版へのあとがきまで特別にお寄せいただいた著者のクロンブ氏には、ひときわ感謝している。ありがとうございました。

二〇一九年四月三日

訳者を代表して　武田宙也

てのゾンビに言及しているし、クロンブにもポストヒューマン論があるが、このように、近年ゾンビの形象は、映画研究やポップカルチャー論の枠を超えて、より広く、人間存在をめぐる思弁的考察の観点からも注目されるようになってきている。ただし、ビショップやローロ、それから（この後言及する）ロジャー・ラックハーストが、いずれも基本的には文学研究者である点はクロンブとの大きな違いであり、それはゾンビ研究におけるアプローチの違いとしてもはっきりあらわれているように思われる。

Paris, Seuil, 1995.〔ツヴェタン・トドロフ『共同生活——一般人類学的考察』大谷尚文訳、法政大学出版局、1999 年〕
UEXKÜLL, Jacob (von), *Mondes animaux et monde humain*, Paris, Denoël, 1956.〔ヤーコプ・フォン・ユクスキュル『生物から見た世界』日高敏隆・羽田節子訳、岩波書店、2005 年〕
VERNANT, Jean-Pierre, *Mythe et tragédie en Grèce ancienne*, t. II, Paris, La découverte, 2004.
WARBURG, Aby, *Écrits I : Miroirs de faille, à Rome avec Giordano Bruno et Edouard Manet, 1928-1929*, Paris, Presses du Réel/l'Écarquillé, 2011 ; *Essais florentins*, Paris, Klincksieck, 1990.
WOOD, Robin, *Hollywood from Vietnam to Reagan... and Beyond*, Columbia University Press, New York, 2003.
ZAOUI, Alizar M. P. (dir.), *Fresh Theory II: Black album*, Paris, Léo Scheer, 2006.
ŽIŽEK, Slavoj, *Vivre la fin des temps*, Paris, Flammarion, 2010〔スラヴォイ・ジジェク『終焉の時代に生きる』山本耕一訳、国文社、2012 年〕; *The Sublime object of ideology*, New York, Verso, 2008〔『イデオロギーの崇高な対象』鈴木晶訳、河出書房新社、2015〕; *La Marionnette et le Nain. Le christianisme entre perversion et subversion*, Paris, Seuil, 2005〔『操り人形と小人——キリスト教の倒錯的な核』中山徹訳、青土社、2004 年〕; *La Subjectivité à venir*, Paris, Flammarion, 2004 ; *Enjoy Your Symptom !*, New York, Routledge, 2001〔『汝の症候を楽しめ——ハリウッド VS ラカン』鈴木晶訳、筑摩書房、2001 年〕; *The Metastases of Enjoyment: On Women and Causality*, New York, Verso, 1994.〔『快楽の転移』松浦俊輔・小野木明恵訳、青土社、1996 年〕

vol. 39, n° 2, p. 263-281.
NYE, David E., *American Technological Sublime*, Cambridge, MIT Press, 1994.
PAFFENROTH, Kim, *Gospel of the Living Dead: George Romero's Visions of Hell on Earth*, Waco, Baylor University Press, 2006.
ROMERO, George A., « Conversation avec George A. Romero : entretiens réalisés par Jean-Baptiste Thoret », *Politique des zombies. L'Amérique selon George A. Romero*, Paris, Ellipse, 2007.
RAY, Gene, *Terror and Sublime in Art and Critical Theory, From Auschwitz to Hiroshima to September 11 and Beyond*, Palgrave Macmillan, Oxford, 2011.
ROUILLER, Philippe, *Le Cinéma gore. Une esthétique du sang*, Paris, Cerf, 1997.
SAILLANT, Francine et Ana Lucia AURAUJO, « Zumbi : mort, mémoire et résistance », *Frontières*, 2006, vol. 19, n° 1, p. 37-43.
SAMOCKI, Jean-Marie, « Le mort-vivant et le cannibale : la tétralogie ou les disparitions impossibles », *Politique des Zombies : L'Amérique selon George A. Romero*, Paris, Ellipse, 2007.
SANGSUE, Daniel, *Fantômes, esprits et autres morts-vivants : essais de pneumatologie littéraire*, Paris, Josée Corti, 2011.
SCHINKEL, Willem, « 'Illegal Aliens' and the State, or: Bare Bodies vs the Zombie », *International Sociology*, vol. 24, n° 6, p. 779-806.
SCHMITT, Jean-Claude, *Les Revenants. Les vivants et les morts dans la société médiévale*, Paris, Gallimard, 1994.
SHAW, Philip, *The Sublime*, Londres, Routledge, 2005.
SOURIAU, Étienne, *Vocabulaire d'esthétique*, Paris, Puf, 2006.
THOMAS, Louis-Vincent, *Anthropologie de la mort*, Paris, Payot 1975 ; « Les sociétés devant la mort », in *Encyclopaedia universalis*, Paris, Encyclopaedia universalis, 2001.
THORET, Jean-Baptiste, « Ils sont comme nous », *Politique des zombies. L'Amérique selon George A. Romero*, Paris, Ellipse, 2007.
TODOROV, Tzvetan, *La Vie commune. Essai d'anthropologie générale*,

LACROIX, Sophie, *Ruine*, Paris, Éditions de la Villette, 2008.
LAFONTAINE, Céline, *L'Empire cybernétique. Des machines à penser à la pensée machine*, Paris, Seuil, 2004.
LASCAULT, Gilbert, *Le Monstre dans l'art occidental. Un problème esthétique*, Paris, Klincksieck, 1973.
LASCH, Christopher, *The Culture of Narcissism*, New York, W. W. Norton & Company, [1991] 1979〔クリストファー・ラッシュ『ナルシシズムの時代』石川弘義訳、ナツメ社、1981年〕; *Le Moi assiégé. Essai sur l'érosion de la personnalité*, Paris, Climats, Flammarion, 2008.〔『ミニマルセルフ――生きにくい時代の精神的サバイバル』石川弘義・山根三沙・岩佐祥子訳、時事通信社、1986年〕
LE BRETON, David, *Anthropologie du corps et modernité*, Paris, Puf, 1990 ; *Des visages. Essai d'anthropologie*, Paris, Métailié, 1992 ; « Le visage et le sacré : quelques jalons d'analyse », *Religiologiques*, n° 12, printemps 1995, p. 49-64 ; *L'Adieu au corps*, Paris, Métailié, 1999 ; « Vivre au XXIe siècle : le corps contemporain a perdu sa sacralité, entretien avec Frédérique Deschamps », *Libération*, samedi 9 mars 2002 ; *Conduites à risque*, Paris, Puf, 2002 ; *Signes d'identité, tatouages, piercings et autres marques corporelles*, Paris, Métailié, 2002 ; *La Peau et la trace, sur les blessures de soi*, Paris, Métailié, 2003.
LE BRUN, Annie, *Les Châteaux de la subversion*, Paris, Gallimard, 2010.
LECOUTEUX, *Fantômes et revenants au Moyen Âge*, Paris, Imago, 2008.
MALABOU, Catherine, *Les Nouveaux Blessés : de Freud à la neurologie, penser les traumatismes contemporains*, Paris, Bayard, 2007.〔カトリーヌ・マラブー『新たなる傷つきし者――フロイトから神経学へ、現代の心的外傷を考える』平野徹訳、河出書房新社、2016年〕
MICHAUD, Philippe-Alain, *Aby Warburg et l'image en mouvement*, Paris, Macula, 1998.
MONGIN, Oliver, *La Violence des images, ou comment s'en débarrasser*, Paris, Seuil, 1997.
MOREMAN, Christopher M., « Dharma of the Living Dead: A Meditation on the Meaning of the Hollywood Zombie », *Studies in Religion*, 2010,

JACQUARD, Albert, *Le Compte à rebours a-t-il commencé ?*, Paris, Stock-Le livre de Poche, 2009.

JAMES, Oliver, *Britain on the Couch : How keeping up with the Joneses has depressed us since 1950*, Londres, Vermillon, 2010.

KANT, Emmanuel, *Critique de la faculté de juger*, Paris, Gallimard, 1989.〔イマヌエル・カント『判断力批判』熊野純彦訳、作品社、2015 年〕

KEYWORTH, David, « The Aetiology of Vampires and Revenants: Theological Debate and Popular Belief », *Journal of Religious History*, vol. 34, n° 2, June 2010, p. 158-173.

KIRK, Robert, « The inconceivability of zombies », *Philosophical Studies*, vol. 139, 2008, p. 73-89.

KIRSTEVA, Julia, *Le Pouvoir de l'horreur*, Paris, Seuil, 1980.〔ジュリア・クリステヴァ『恐怖の権力――〈アブジェクシオン〉試論』枝川昌雄訳、法政大学出版局、1984 年〕

LACAN, Jacques, « Le stade du miroir comme formateur de la fonction du "je" », in *Écrits I*, Paris, Seuil, 1966 (1999)〔ジャック・ラカン「〈わたし〉の機能を形成するものとしての鏡像段階」宮本忠雄訳『エクリ I』、弘文堂、1972 年所収〕; « Fonction et champ de la parole et du langage », in *Écrits I*, Paris, Seuil, 1966 (1999)〔「精神分析における言葉《パロール》と言語活動《ランガージュ》の機能と領野」竹内迪也訳『エクリ I』、弘文堂、1972 年所収〕; *Les Quatre Concepts fondamentaux de la psychanalyse, Séminaire, Livre XI*, Paris, Seuil, 1973〔『精神分析の四基本概念』小出浩之・新宮一成・鈴木國文・小川豊昭訳〕; *Les Écrits techniques de Freud, Séminaire, Livre I (1953- 1954)*, Paris, Seuil, 1975〔『フロイトの技法論(上・下)』小出浩之・小川豊昭・小川周二・笠原嘉訳、岩波書店、1991 年〕; *Le Moi dans la théorie de Freud et dans la technique de la psychanalyse, Séminaire, Livre II (1954-1955)*, Paris, Seuil, 1978〔『フロイト理論と精神分析技法における自我―― 1954-1955(上・下)』小出浩之・鈴木國文・小川豊昭・南淳三訳、岩波書店、1998 年〕; *Les Psychoses, Séminaire, Livre III (1955-1956)*, Paris, Seuil, 1981.〔『精神病(上・下)』小出浩之・鈴木国文・川津芳照・笠原嘉訳、岩波書店、1987 年〕

新潮社、1974年〕; *L'Archéologie du savoir*, Paris, Gallimard, 1969〔『知の考古学』慎改康之訳、河出書房新社、2012年〕; « Des espaces autres » (conférence au Cercle d'études architecturales, 14 mars 1967), in *Architecture, Mouvement, Continuité*, n° 5, octobre 1984, p. 46-49〔「他者の場所——混在郷について」工藤晋訳『ミシェル・フーコー思考集成X』、筑摩書房、2002年所収〕; « L'éthique du souci de soi comme pratique de la liberté » dans *Dits et écrits II*, Paris, Gallimard, p. 1527-1548, 2001 [1984]〔「自由の実践としての自己への配慮」廣瀬浩司訳『ミシェル・フーコー思考集成X』、筑摩書房、2002年所収〕; « Entretien avec Michel Foucault » (entretien avec D. Trombadori, Paris, 1978) dans *Dits et écrits II*, Paris, Gallimard, p. 860-921, 2001 [1980].〔「ミシェル・フーコーとの対話」増田一夫訳『ミシェル・フーコー思考集成Ⅷ』、筑摩書房、2001年所収〕

FREUD, Sigmund, *L'Interprétation des rêves*, Paris, Puf, 1967〔ジークムント・フロイト『夢解釈(上・下)』金関猛訳、中央公論新社、2012年〕; *Cinq Psychanalyses*, Paris, Puf, 1954; *Inquiétante étrangeté et autres essais*, Paris, Gallimard, 1988〔「不気味なもの」藤野寛訳『フロイト全集17』、岩波書店、2006年所収〕; *Malaise dans la culture*, Paris, Puf, 1995〔「文化の中の居心地悪さ」高田珠樹・嶺秀樹訳『フロイト全集20』、岩波書店、2011年所収〕; « Au-delà du principe de plaisir », *Essais de psychanalyse*, Paris, Payot, 2001〔「快原理の彼岸」須藤訓任訳『フロイト全集17』、岩波書店、2006年所収〕; « Pour introduire le narcissisme », *Œuvres complètes XII*, Paris, Puf, 2005, p. 217-245.〔「ナルシシズムの導入にむけて」立木康介訳『フロイト全集13』、岩波書店、2010年所収〕

GAUCHET, Marcel, *La Démocratie contre elle-même*, Paris, Gallimard, 2002.

GREENE, Richard et K. Silem MOHAMMAD (dir.), *Zombies, Vampires, and Philosophy: New Life for the Undead*, New York, Open Court Publishing, 2010.

HAMEL, Jean-François, *Revenances de l'histoire. Répétition, narrativité, modernité*, Paris, Minuit, 2006.

schizophrénie, t. II, Paris, Minuit, 1980.〔ジル・ドゥルーズ／フェリックス・ガタリ『千のプラトー――資本主義と分裂症（上・中・下）』宇野邦一ほか訳、河出書房新社、2010 年〕
DELILLO, Don, *L'Homme qui tombe*, Paris, Acte Sud, 2008.〔ドン・デリーロ『墜ちてゆく男』上岡伸雄訳、新潮社、2009 年〕
DERRIDA, Jacques, *Apories. Mourir, s'attendre aux « limites de la vérité »*, Paris, Galilée, 1996 ; *La Vérité en peinture*, Paris, Flammarion, 1978.〔ジャック・デリダ『アポリア――死す 「真理の諸限界」を［で／相］待－期する』港道隆訳、人文書院、2000 年〕
DIDI-HUBERMAN, Georges, *Devant l'image. Question posée aux fins d'une histoire de l'art*, Paris, Minuit, 1990〔ジョルジュ・ディディ＝ユベルマン『イメージの前で――美術史の目的への問い』江澤健一郎訳、法政大学出版局、2012 年〕; *La Ressemblance informe ou le gai savoir visuel selon Georges Bataille*, Paris, Macula, 1995 ; *Ouvrir Vénus. Nudité, rêve, cruauté*, Paris, Gallimard, 2001〔『ヴィーナスを開く――裸体、夢、残酷』宮下志朗・森元庸介訳、白水社、2002 年〕; *L'Image survivante. Histoire de l'art et temps des fantômes selon Aby Warburg*, Paris, Minuit, 2002〔『残存するイメージ――アビ・ヴァールブルクによる美術史と幽霊たちの時間』竹内孝宏・水野千依訳、人文書院、2005 年〕; *Survivance des lucioles*, Paris, Minuit, 2009.
De la DURANTAYE, Leland, *Giorgio Agamben. A Critical Introduction*, Stanford, Stanford University Press, 2009.
DUVIGNAUD, Jean, *Sociologie de l'art*, Paris, Puf, 1967 ; *Sociologie du théâtre*, Paris, Puf, 1965.
EHRENBERG, Alain, *Le Culte de la performance*, Paris, Hachette, 2003 ; *La Fatigue d'être soi. Dépression et société*, Paris, Odile Jacob, 2000.
ELIAS, Norbert, *La Civilisation des mœurs*, Paris, Pocket, 2003.〔ノルベルト・エリアス『文明化の過程（上）――ヨーロッパ上流階層の風俗の変遷』赤井慧爾・吉村元保・吉田正勝訳、法政大学出版局、1977 年〕
FEDIDA, Pierre, *L'Absence*, Paris, Gallimard, 1978.
FOUCAULT, Michel, *Les Mots et les Choses*, Paris, Gallimard, 1966〔ミシェル・フーコー『言葉と物――人文科学の考古学』渡辺一民・佐々木明訳、

Renaissance », *Journal of Popular Film and Television*, 37.1 (2009) : p. 16-25 ; « Raising the Dead: Unearthing the Non-Literary Origins of Zombie Cinema ». *Journal of Popular Film and Television*, 2006, vol. 33, n° 4, p. 196-205.

BRUCKNER, Pascal, *Le Fanatisme de l'Apocalypse*, Paris, Grasset, 2011.

CAILLOIS, Roger, « Introduction à l'*Anthologie du fantastique* », in *Œuvres*, Paris, Gallimard, 2008〔ロジェ・カイヨワ「妖精物語から空想科学小説へ——幻想的なイメージについて」『イメージと人間——想像の役割と可能性についての試論』塚崎幹夫訳、思索社、1978 年所収〕; *Les Jeux et les Hommes*, Paris, Gallimard, 1992〔『遊びと人間』多田道太郎・塚崎幹夫訳、講談社、1990 年〕; *L'Homme et le Sacré*, Paris, Gallimard, 1950〔『人間と聖なるもの』塚原史・吉本素子・小幡一雄・中村典子・守永直幹訳、せりか書房、1994 年〕; *La Pieuvre. Essai sur la logique imaginaire*, Paris, La Table ronde, 1973.〔『蛸——想像の世界を支配する論理をさぐる』塚崎幹夫訳、中央公論社、1975 年〕

CARROLL, Noël, *The Philosophy of Horror, or The Paradox of the Heart*, New York, Routledge, 1990.

COULOMBE, Maxime, *Imaginer le posthumain. Sociologie de l'art et archéologie d'un vertige*, Québec, Presses de l'Université Laval, 2009 ; *Le Monde sans fin des jeux vidéo*, Paris, Puf, 2010 ; « Revenants », *Dictionnaire de la violence*, Paris, Puf, 2011 ; « Épiphanie et modernité : note sur le pessimisme », dans *Lucidité. Vues de l'intérieur*, Mois de la photo de Montréal, Montréal, 2011, p. 228-237.

COUTÉ, Pascal, « Masses, meutes, individus », *Politique des Zombies. L'Amérique selon George A. Romero*, Paris, Ellipse, 2007.

DANTZIG, Charles, *Dictionnaire égoïste de la littérature française*, Paris, Grasset-Livre de Poche, 2009.

DELEUZE, Gilles, *Nietzsche et la philosophie*, Paris, Puf, 1962〔ジル・ドゥルーズ『ニーチェと哲学』江川隆男訳、河出書房新社、2008 年〕; *Différence et répétition*, Paris, Puf, 1968.〔『差異と反復(上・下)』財津理訳、河出書房新社、2007 年〕

DELEUZE, Gilles, et Félix GUATTARI, *Mille plateaux. Capitalisme et*

AUBERT, Nicole (dir.), *L'Individu hypermoderne*, Paris, Érès, 2004.
AUBERT, Nicole, *Le Culte de l'urgence. La société malade du temps*, Paris, Flammarion, 2003.
ARIÈS, Philippe, *L'Homme devant la mort*, t. II, Paris, Seuil, 1977.〔フィリップ・アリエス『死を前にした人間』成瀬駒男訳、みすず書房、1990年〕
ARISTOTE, *La Poétique*, Paris, Le Livre de Poche, 1990.〔アリストテレース『詩学』松本仁助・岡道男訳、岩波書店、1997年〕
BAKHTINE, Mikhaïl, *La Poétique de Dostoïevski*, Paris, Seuil, 1970〔ミハイル・バフチン『ドフトエフスキーの詩学』望月哲男・鈴木淳一訳、筑摩書房、1995年〕; *L'Œuvre de François Rabelais et la culture populaire au Moyen Âge et sous la Renaissance*, Paris, Gallimard, 1982.〔『フランソワ・ラブレーの作品と中世・ルネッサンスの民衆文化』川端香男里訳、せりか書房、1973年〕
BALANDIER, Georges, *Le Détour. Pouvoir et modernité*, Paris, Fayard, 1985.
BATAILLE, Georges, *L'Érotisme*, Paris, Minuit, 1957〔ジョルジュ・バタイユ『エロティシズム』酒井健訳、筑摩書房、2004年〕; *La Part maudite*, Paris, Seuil, 1967.〔『呪われた部分——全般経済学試論・蕩尽』酒井健、筑摩書房、2018年〕
BÉGIN, Richard, « L'horreur post-apocalyptique ou cette terrifiante attraction du réel », *Cinémas : revue d'études cinématographiques*, vol. 20, n° 2-3, 2010, p. 165-191.
BENJAMIN, Walter, « Sur quelques thèmes baudelairiens », *Œuvres III*, Paris, Gallimard, 2000 ; *Lumières pour enfants*, Paris, Christian Bourgeois, 2011.〔ヴァルター・ベンヤミン「ボードレールにおけるいくつかのモティーフについて」久保哲司訳『ベンヤミン・コレクション1——近代の意味』、筑摩書房、1995年所収〕
BENNETT, Oliver, *Cultural Pessimism: Narratives of Decline in the Postmodern World*, Vancouver, University of British Columbia Press, 2001.
BISHOP, Kyle, « Dead Man Still Walking: explaining the Zombie

参考文献一覧

ACKERMANN, Hans W. et Jeanine GAUTHIER, « The Ways and Nature of the Zombi », *The Journal of America Folklore*, vol. 104, n° 414 (automne 1991), p. 466-494.

ADORNO, Theodor, *The Culture Industry: Selected Essays on Mass Culture*, Londres, Routledge, 2001.

AGAMBEN, Giorgio, *La Communauté qui vient. Théorie de la singularité quelconque*, Paris, Seuil, 1990〔ジョルジョ・アガンベン『到来する共同体』上村忠男訳、月曜社、2012年〕; *Homo Sacer. Le pouvoir souverain et la vie nue*, Paris, Seuil, 1997〔『ホモ・サケル――主権権力と剥き出しの生』高桑和巳訳、以文社、2007年〕; *L'Idée de la prose*, Paris, Christian Bourgois Éditeur, 1998 ; *Enfance et histoire. Sur la destruction de l'expérience*, Paris, Payot-Rivages, 2002〔『幼児期と歴史――経験の破壊と歴史の起源』上村忠男訳、岩波書店、2007年〕; *Ce qui reste d'Auschwitz. L'archive et le témoin*, Paris, Payot, 2003〔『アウシュヴィッツの残りのもの――アルシーヴと証人』上村忠男・廣石正和訳、月曜社、2001年〕; *État d'exception. Homo sacer II*, t. I, Paris, Seuil, 2003〔『例外状態』上村忠男・中村勝己訳、未來社、2007年〕; *L'Ouvert : de l'homme et de l'animal*, Paris, Payot-Rivages, 2006〔『開かれ――人間と動物』岡田温司・多賀健太郎訳、平凡社、2011年〕; *La Puissance de la pensée*, Paris, Rivages, 2006〔『思考の潜勢力――論文と講演』高桑和巳訳、月曜社、2009年〕; « Qu'est-ce qu'un paradigme ? », *Signatura Rerum. Sur la méthode*, Paris, Vrin, 2008〔「パラダイムとはなにか」『事物のしるし――方法について』岡田温司・岡本源太訳、筑摩書房、2011年所収〕; « Qu'est-ce que le contemporain ? », *Nudités*, Paris, Rivages, 2009.〔「同時代人とは何か？」『裸性』岡田温司・栗原俊秀訳、平凡社、2012年所収〕

ANZIEU, Didier, *Le Moi-peau*, Paris, Dunod, 1985.〔ディディエ・アンジュー『皮膚-自我』福田素子訳、言叢社、1993年〕

マ　行

ヤ　行

ラ　行

人名索引

著者略歴

マキシム・クロンブ（Maxime Coulombe）

1978年生。ラヴァル大学人文学部教授。専門は社会学、美術史。本書以外の著書に以下がある。*Imaginer le posthumain. Sociologie de l'art et archéologie d'un vertige,* Québec, Presses de l'Université Laval, 2009〔『ポストヒューマンを想像すること　芸術社会学と眩暈の考古学』〕; *Le monde sans fin des jeux video,* Paris, Puf, 2010.〔『ビデオゲームの果てしない世界』〕; *Orlan. L'identité violente,* Saarbrücken, Éditions universitaires européennes, 2010.〔『オルラン　強烈なアイデンティティ』〕

訳者略歴

武田宙也（たけだ・ひろなり）

1980年生。京都大学大学院人間・環境学研究科准教授。京都大学大学院人間・環境学研究科博士課程修了。博士（人間・環境学）。専門は哲学、美学。著書に『フーコーの美学　生と芸術のあいだで』（人文書院、2014）、共訳書にエスポジト『三人称の哲学』（講談社選書メチエ、2011）、ウリ『コレクティフ』（月曜社、2017）がある。

福田安佐子（ふくだ・あさこ）

1988年生。国際ファッション専門職大学国際ファッション学部助教。京都大学大学院人間・環境学研究科博士課程研究指導認定退学。専門はホラー映画史、表象文化論、身体論。おもな論文に「ゾンビ映画史再考」（『人間・環境学』第25号、2016）、「ゾンビはいかに眼差すか」（『ディアファネース　芸術と思想』第4号、2017）、「呪いは電波にのって　スティーヴン・キングのゾンビと「見えないもの」」（『ユリイカ』2017年11月号）、共訳書にブライドッティ『ポストヒューマン』（フィルムアート社、2019）がある。

ゾンビの小哲学
ホラーを通していかに思考するか

二〇一九年七月一日　初版第一刷印刷
二〇一九年七月一〇日　初版第一刷発行

著　者　マキシム・クロンブ
訳　者　武田宙也、福田安佐子
発行者　渡辺博史
発行所　人文書院
〒六一二-八四四七
京都市伏見区竹田西内畑町九
電話〇七五・六〇三・一三四四
振替〇一〇〇〇-八-一一〇三
装　幀　間村俊一
印刷所　モリモト印刷株式会社

落丁・乱丁本は小社送料負担にてお取り替えいたします

ISBN978-4-409-03103-2 C1010